AUTOR *BEST SELLER* DEL *NEW YORK TIMES*

CRAIG GROESCHEL

CON EL DR. WAYNE CHAPPELLE

SANA TU MENTE HERIDA

Esperanza bíblica para la ansiedad, la depresión, el agotamiento y las emociones de las que nadie habla

AUTOR *BEST SELLER* DEL *NEW YORK TIMES*

CRAIG GROESCHEL

CON EL DR. WAYNE CHAPPELLE

SANA
TU
MENTE
HERIDA

**Esperanza bíblica para la ansiedad, la depresión,
el agotamiento y las emociones de las que nadie habla**

Vida

La misión de Editorial Vida es ser la compañía líder en satisfacer las necesidades de las personas con recursos cuyo contenido glorifique al Señor Jesucristo y promueva principios bíblicos.

SANA TU MENTE HERIDA
Edición en español publicada por
Editorial Vida – 2026
501 Nelson Place, Nashville, Tennessee, 37214, Estados Unidos de América
Editorial Vida es un sello de HarperCollins Christian Publishing, Inc.

© 2026 Editorial Vida

Este título también está disponible en formato electrónico.

A Craig Groeschel lo representa Thomas J. Winters, de Winters and King, Inc., Tulsa, Oklahoma.

Publicado originalmente en EUA bajo el título:
Healing Your Hurting Mind
Copyright © 2026 por Craig Groeschel Publicado con permiso de Zondervan Zondervan, Grand Rapids, Michigan 49546.
Todos los derechos reservados.

Prohibida su reproducción o distribución.

Traducción, edición y adaptación del diseño al español: *Grupo Scribere*
ISBN: 978-0-82977-438-2
eBook: 978-0-82977-439-9
Audio: 978-0-82977-440-5

La información sobre la clasificación de la Biblioteca del Congreso estará disponible previa solicitud.

CATEGORÍA: Religión / Vida cristiana / Crecimiento espiritual

IMPRESO EN ESTADOS UNIDOS DE AMÉRICA
25 26 27 28 29 LBC 5 4 3 2 1

CONTENIDO

INTRODUCCIÓN

PARTE 1: MITOS SOBRE LA SALUD MENTAL

PARTE 2: LA ANSIEDAD

PARTE 3: LA DEPRESIÓN

PARTE 4: LA NEGATIVIDAD

INTRODUCCIÓN

YO (CUANDO COLAPSÉ)

Mi colapso emocional no sucedió de repente, sino que una niebla densa y oscura fue envolviendo poco a poco mi vida. Al principio, mi estrategia para hacer frente al problema fue uno de mis mecanismos de afrontamiento favoritos: la negación. Me decía a mí mismo: *No es para tanto. Es solo un momento muy difícil. Puedo sobrellevarlo, como en otras ocasiones.*

No obstante, el miedo continuó apoderándose de mí, como una claustrofobia emocional, y comencé a darme cuenta de que tal vez la situación *era más grave de lo que pensaba.*

Me esforcé al máximo para mantenerme firme y atender a todo el mundo, pero la sensación de una amenaza inminente no dejaba de agobiarme. Entonces, tuve que admitir: *No voy a poder con esto.*

Y, finalmente, un día, me dejé vencer por mi mayor temor: *Creo que esto va a acabar conmigo.*

Durante casi tres décadas había sido un pastor respetado, con un matrimonio feliz e hijos bien equilibrados; sin embargo, aparte de esas bendiciones, comprendí que estaba atrapado en un lugar oscuro. Me sentía aterrorizado y no tenía ni idea de a quién podía contárselo ni de cómo librarme de esa sensación.

Luego te contaré más sobre esta espiral descendente en mi vida. (No quiero asustarte ahora que comienzas a leer el libro).

Recuerdo haber clamado a Dios, en lo más profundo de mi dolor, y preguntarle por qué permitía que me sucediera esto. No puedo estar seguro, pero considero la posibilidad de que, en parte, Dios permitió que pasara por esa situación para que pudiera compartir lo que aprendí, pues mi experiencia dio lugar a este libro, que nunca pensé que llegaría a escribir.

Por lo tanto, lo que vas a leer será intenso.

También divertido.

Y extremadamente importante.

Aunque, sin duda alguna, intenso.

¿Por qué intenso?

Porque voy a adentrarte en mi vida personal y contarte cosas que nunca esperarías oír de un pastor. Si has leído alguno de mis libros o escuchado mis sermones o los episodios de mi pódcast, es posible que sepas un poco sobre mí.

De acuerdo, pero esta historia no la conoces.

¿Por qué es tan importante?

Porque también tendrás la oportunidad de profundizar en tu vida. Aunque estoy seguro de que te conoces bien, apuesto a que hay cosas que no entiendes de ti mismo. Como, por ejemplo, ¿por qué te sientes tan triste, enfadado o preocupado? O cómo puedes calmar tu ansiedad, sanar de un trauma o superar tu agotamiento profesional.

Si alguna vez te has hecho estas preguntas, no eres el único; yo también me las hago. Por eso quiero presentarte a alguien que me ayudó a encontrar respuestas. Te presento al doctor Chappelle (Dr. C., como lo llamaré a lo largo del libro).

DR. C. (A QUIEN ACUDÍ CUANDO COLAPSÉ)

Ante todo, debo reconocer que no soy psicólogo ni médico, soy pastor, y aunque he leído más de una docena de libros sobre el tema y he consultado a otros tantos terapeutas cristianos, en verdad no soy un experto. Como pastor, siempre me centraré más en el aspecto espiritual y en cómo Dios puede sanarnos y liberarnos. No obstante, los aspectos psicológicos y fisiológicos de la sanidad son demasiado importantes como para no incluirlos.

De modo que decidí arriesgarme un poco.

Déjame explicarte.

Al chocar con el muro emocional que empezaré a analizar en el próximo capítulo, sentí que mi vida se desmoronaba. Afortunadamente, tuve la ayuda de un extraordinario y talentoso terapeuta cristiano, el doctor Wayne Chappelle. Digo «extraordinario» porque Dr. C. tiene una vasta experiencia.

Tras obtener su doctorado en psicología clínica en la Universidad George Fox, Dr. C. trabajó durante más de veinte años con militares de alto rango y funcionarios del gobierno en la evaluación y preparación de operaciones militares clasificadas de alto riesgo y alta complejidad. Su trabajo incluía informar a funcionarios del Pentágono y a mandos desplegados en diferentes partes del mundo sobre los efectos psicológicos de misiones peligrosas y a menudo letales. También participó como asesor en decisiones que contribuyeron a fortalecer la salud mental y la resiliencia del personal militar que lucha contra el terrorismo en todo el mundo y a mejorar la colaboración con fuerzas militares conjuntas de naciones aliadas.

Más recientemente, Dr. C. lideró el desarrollo de métodos de evaluación psicológica y selección para tripulaciones aéreas encargadas de transportar de forma segura y discreta a altos cargos gubernamentales y presidenciales por todo el mundo.

Luego de cumplir sus obligaciones con la fuerza aérea, Dr. C. comenzó a trabajar con atletas profesionales y olímpicos. Su labor se centra en potenciar la fortaleza mental de los deportistas para obtener buenos resultados en los entornos competitivos más exigentes. Esto incluye ayudarlos a manejar su salud emocional para llegar a ser la mejor versión de sí mismos (personal y profesionalmente) y lograr el éxito en condiciones extremas.

Si te estás preguntando por qué una persona así trabajaría con un pastor como yo, lo mismo me sucedió a mí. No obstante, debido a su gran fe en Jesús, Dr. C. estuvo dispuesto a utilizar sus dones y experiencia para ayudar en un tipo diferente de batalla: la guerra espiritual. El primer pastor a quien aconsejó fue a mí, pero ahora trabaja con docenas de líderes cristianos, pues dedica una parte importante de su tiempo a servir a quienes sirven a Dios.

Para garantizar que el presente libro te sea de la mayor utilidad, invité a Dr. C. a contribuir con su sabiduría. Le pedí que me ayudara y revisara todo el libro desde un punto de vista profesional y clínico. También te brindará sus respuestas personales al final de cada capítulo, en «Reflexiones de Dr. C.».

Espero que coincidas en que es una idea bastante buena, pero como expresé antes implica un riesgo.

¿Por qué?

¿Estas listo para la respuesta?

Porque voy un paso más allá y autorizo a Dr. C. a compartir contigo los detalles de cada problema que he enfrentado. Con ello, elimino voluntariamente la confidencialidad médico-paciente, ya que él estuvo conmigo durante mis momentos más difíciles, vio cada una de mis vulnerabilidades, inseguridades e inclinaciones pecaminosas y me ayudó a salir adelante mucho más fortalecido.

Mi deseo es que su perspectiva profesional sobre mi camino hacia la sanidad te ayude en el tuyo.

TÚ (LA AYUDA EN CASO DE QUE COLAPSES)

Años atrás, no habría tenido ni idea de cómo puede sentirse alguien que sufre un problema de salud mental. Sin embargo, hoy, luego de experimentar un colapso emocional y caer en un prolongado período de ansiedad paralizante y profunda depresión, sé lo que es sentirse impotente y sin esperanza. En verdad, como seguidor de Jesús, nunca pensé que podría sentirme así, pero sucedió; y fue tan profundo el pozo en que me hallé que temí no poder salir de él. Había perdido la esperanza de que las cosas pudieran mejorar.

> SI TE SIENTES IMPOTENTE Y DESESPERANZADO, TENGO BUENAS NOTICIAS PARA TI: SÍ HAY ESPERANZA.

Si te sucede lo mismo, si te sientes impotente y desesperanzado, tengo buenas noticias para ti.

Sí hay esperanza.

Entiendo que hoy te pueda parecer demasiado bueno para ser verdad. No obstante, sí hay esperanza, porque Dios te ayudará. En este libro vamos a analizar por qué es esto cierto y cómo se manifiesta. Juntos exploraremos algunos principios fundamentales sobre cómo Dios nos ayuda a enfrentar:

- la ansiedad
- la depresión
- la negatividad
- el enojo
- el trauma
- el agotamiento profesional

Si te sientes atrapado y sin esperanza, permíteme animarte, pues en las páginas que siguen, Dios nos guiará hacia la sanidad.

Por lo tanto, no te rindas, y mientras continúas leyendo, me gustaría pedirte que seas completamente honesto. ¿Con quién? Con Dios y contigo mismo. Además, tal vez quieras invitar a un amigo (o a un pequeño grupo de ellos o a tu grupo de apoyo) para que te acompañe en la lectura y emprenda este recorrido contigo.

He aprendido que la honestidad absoluta es fundamental, pues eres fuerte en la medida en que eres honesto.

M. Scott Peck, psiquiatra y autor de *best sellers*, escribe en su libro *El camino menos transitado*: «La salud mental es un proceso constante de compromiso con la realidad, sin importar el costo».[1]

Ser absolutamente honesto intimida, incluso asusta; por lo tanto, pidámosle ayuda a Dios. Pedir ayuda no es señal de debilidad, sino de sabiduría. En Juan 5, cuando Jesús se encontró en Jerusalén con un hombre que llevaba treinta y ocho años enfermo, le preguntó: «Te gustaría recuperar la salud?» (v. 6, NTV). Por lo tanto, confiemos en que, si también acudimos a él, con sinceridad y un verdadero deseo de la ayuda de Jesús, él nos guiará hacia la sanidad y la salud mental.

PEDIR AYUDA NO ES SEÑAL DE DEBILIDAD, SINO DE SABIDURÍA.

Por lo tanto, si estás listo para escucharme hablar con absoluta honestidad sobre la peor época de mi vida, listo para escuchar lo que aprendí de Dios y de mi extraordinario terapeuta durante mis momentos más difíciles, listo para experimentar tu propia sanidad y bienestar emocional, continúa leyendo.

> Con paciencia esperé que el SEÑOR me ayudara,
> y él se fijó en mí y oyó mi clamor.
> Me sacó del foso de desesperación,
> del lodo y del fango.
> Puso mis pies sobre suelo firme
> y a medida que yo caminaba, me estabilizó.
> (Sal 40:1-2, NTV)

REFLEXIONES DE DR. C.

Para mí es un honor poder contribuir a un libro tan valioso que sin duda te será de gran ayuda. Ya sea que busques mejorar tu vida o apoyar a alguien que está en dificultades, cada parte de este libro tiene el potencial de ayudarte, a ti y a otros, a superar los problemas y salir fortalecido de las batallas emocionales que todos enfrentamos en algún momento de la vida.

Antes de continuar, debo señalar que las palabras de Craig sobre mí hacen que mi vida parezca mucho más emocionante de lo que es. Sin embargo, no es que mis habilidades sean mejores que las de otros, sino que simplemente he recibido la bendición de tener una amplia gama de experiencias que me han capacitado para ayudar a las personas a crecer y dar lo mejor de sí en los momentos difíciles de la vida.

Me siento profundamente honrado de que Craig decidiera trabajar conmigo, y le agradezco que me permitiera compartir partes de su historia y experiencias en terapia, con lo cual ambos esperamos poder ayudarte a superar las dificultades emocionales en tu vida.

El proceso de cambio y crecimiento no es sencillo y presenta numerosos desafíos. Por lo tanto, comenzar a recorrer el camino hacia la sanidad requerirá esfuerzo, total honestidad y gran valentía. No obstante, con la ayuda de Dios, sé que él guiará nuestros pasos. Si estás listo, yo lo estoy, y sé que Craig también lo está. Entonces manos a la obra, tu salud mental lo amerita.

PREGUNTAS PARA REFLEXIONAR

1. En tu opinión, ¿por qué nuestra cultura ha evitado durante tanto tiempo la franqueza y la honestidad respecto a temas de salud mental y emocional, al igual que los problemas específicos como la depresión y la ansiedad?
2. En tu opinión, ¿por qué tantas personas, independientemente de factores como la edad, la raza y los ingresos, se rehúsan a pedir ayuda a los demás cuando enfrentan problemas mentales y emocionales?
3. Entendiendo que todos luchamos con algún grado de problemas mentales, emocionales y espirituales, ¿a qué tipo de batallas mentales y emocionales te has enfrentado en el pasado o en la actualidad? Sé tan específico como te sea posible.
4. ¿Qué buscas o esperas que suceda en tu vida mientras lees y analizas el contenido de este libro?

PARTE I

MITOS SOBRE LA SALUD MENTAL

1.1

INTRODUCCIÓN

Nunca pensé que me pasaría a mí, pero sucedió.

Fui yo quien experimentó un colapso emocional.

Siempre creí que este tipo de cosas solo afectaban a otras personas. No porque fuera más fuerte y otros más débiles, sino porque soy constante y estable, y aunque serlo no siempre hace la vida más emocionante, lo soy. Mis altibajos no son muy altos, ni muy bajos. Año tras año, década tras década, mi ministerio, mi matrimonio, la crianza de mis hijos, mis amistades, la salud física y mi autodisciplina fueron estables. ¿Así que, venirme abajo? Otros, tal vez, pero no yo.

Al menos eso creía.

Nadie se daba cuenta de lo que me pasaba porque continuaba realizando las tareas que siempre había hecho. Iba a trabajar todos los días y predicaba los fines de semana. Todo ello mientras cumplía con mis obligaciones de marido, padre y abuelo.

Por fuera, todo parecía igual.

Por dentro, estaba aterrorizado, no podía entender la sensación de pánico, no podía contenerlo.

¿Te sientes identificado con esta situación? Por fuera, sigues mostrándote sonriente y das la respuesta estándar de «¡todo bien!» a quienes te preguntan cómo te va. Sin embargo, en tu interior:

- Padeces una ansiedad crónica.
- Intentas no ahogarte en la depresión.
- Luchas contra la preocupación constante y la negatividad.
- Te sientes estresado y agotado, y te preguntas si estás a punto de llegar al agotamiento extremo.
- Experimentas el dolor de heridas que no han cicatrizado y te mantienen despierto por la noche hasta que finalmente te duermes llorando.

Por fuera, «todo bien», pero por dentro, es demasiado y no estás seguro de si podrás seguir adelante.

Tal vez no te vaya tan mal, pero aun así puede haber síntomas iniciales de que tu salud mental no está del todo bien. O quizás tus circunstancias sean peores que las mías y puedas añadir tus propias observaciones para describir tu dolor.

En cualquier caso, nuestros problemas de salud mental se agravan porque con demasiada frecuencia no hablamos de ellos. Afortunadamente, esa reticencia está empezando a cambiar en nuestra sociedad, pero durante mucho tiempo hemos mantenido estas dificultades en secreto, como si fuera algo vergonzoso que debiéramos ocultar.

Peor aún, la iglesia a menudo ha guardado silencio sobre las enfermedades mentales, lo cual es trágico y desgarrador, pues deberíamos ser el lugar más honesto y seguro del mundo. En realidad, el punto de partida para la salvación es admitir que tu vida es un desastre y que anhelas tener un Salvador; y la iglesia es el lugar donde deberíamos poder hablar abiertamente de *todo*, e incluso recibir estímulo para hacerlo. Sin embargo, no es así, y eso debe cambiar.

Si en algún momento has pensado: *Soy el único que se ha enfrentado a esto*, espero sinceramente que este libro te ayude a saber que no estás solo, y te dé el valor para hablar de tus dificultades.

I.2

DEFINICIÓN DE SALUD MENTAL

¿**D**e qué estamos hablando cuando utilizamos el término *salud mental*? Este incluye al menos tres aspectos del bienestar:

- El emocional
- El psicológico
- El social

Tu salud mental influye en cómo:

- Piensas
- Sientes
- Actúas
- Manejas el estrés
- Te relacionas con los demás
- Tomas decisiones
- Te repones (o no) de las dificultades

Tu salud mental es dinámica, no estática, lo cual significa que no es inmutable, sino que cambia constantemente. Es decir, fluctúa a lo largo de tu vida en respuesta a los retos que enfrentas. Por lo tanto, puedes estar mentalmente sano durante un tiempo y luego no estarlo. Puedes sufrir un trauma, experimentar un cambio fisiológico en tu cuerpo, tomar decisiones autodestructivas o involucrarte en una relación difícil, y, como resultado, caer de repente en picada desde la estabilidad de tu salud mental hacia un abismo aterrador.

En su libro *Espiritualidad emocionalmente sana*, el pastor Peter Scazzero señala que la salud emocional tiene que ver con:

- Nombrar, reconocer y manejar nuestras propias emociones.
- Identificarnos con los demás y sentir compasión por ellos.

- Liberarnos de los patrones autodestructivos.
- Ser conscientes de cómo nuestro pasado influye en nuestro presente.
- Desarrollar la capacidad de expresar nuestros pensamientos y sentimientos con claridad.[1]

Queremos lograrlo y lo necesitamos, pero muy frecuentemente no tenemos éxito.

Como pastor, estoy convencido de que, en el caso de quienes pertenecemos a la iglesia, las dificultades para encontrar la sanidad que Dios nos ofrece se deben, en parte, a ideas equivocadas y a veces nocivas sobre la salud mental.

Permíteme explicarte tres de los mitos más comunes sobre la salud mental que he encontrado en las iglesias de hoy.

MITO I: LOS CRISTIANOS NO DEBERÍAN TENER PROBLEMAS DE SALUD MENTAL

Muchos consideran que los cristianos no deberían tener problemas de salud mental porque son salvos y están llenos del Espíritu Santo. Algunas iglesias incluso enseñan el mito de que las emociones son peligrosas y deben suprimirse, o de que los «buenos cristianos» no deben experimentar emociones como el enojo o la tristeza.

Estas iglesias insisten en que, si tienes problemas de salud mental, es por tu culpa, pues no tienes suficiente fe, no oras lo necesario o no lo haces «bien». O afirman que hay algún tipo de pecado en tu vida que debes confesar, y que cuando lo hagas, dejarás de sentirte ansioso, deprimido, abrumado o agotado.

Sin embargo, no es así. Esto no es verdad, de ningún modo.

Si eso es lo que te han enseñado y crees, por favor quédate conmigo.

Enfrentar problemas de salud mental no significa que no tengas suficiente fe ni que tu fe esté dañada; solo significa que eres humano.

Y porque eres humano, puedes amar sinceramente a Jesús, tener la racha de lectura más larga en la aplicación de la Biblia YouVersion, asistir fielmente a la iglesia, levantar tus manos en adoración, diezmar sistemáticamente, y *aun así* tener dificultades con tu salud mental.

Tal vez enfrentes esas dificultades en este momento; a muchos nos sucede así. Puedes estar pensando: *Me siento muy ansioso, no sé si podré lograrlo. Al parecer no puedo superar lo que me pasó; quiero sanar, pero no mejoro. ¿Por qué me siento atrapado y apenas puedo respirar?* O: *Estoy deprimido y no sé por qué.* Y tal vez te has esforzado, has orado, asistido a la iglesia, leído la Biblia, pero no logras ver la mejoría.

Te repito, eso no quiere decir que no seas un buen cristiano, solo indica que eres humano.

Los seres humanos, incluso los más fieles, padecen problemas de salud mental.

En realidad, muchos *héroes* de la fe enfrentaron dificultades similares. Así lo vemos en la Biblia, por ejemplo:

- Elías, a quien Dios escogió para ser profeta y realizó milagros asombrosos y, sin embargo, se vio tan afectado por la depresión que le pidió a Dios que le quitara la vida (1 R 19:3-5).
- David, a quien el Señor consideró «un hombre conforme a su corazón» y quien derrotó a un gigante «en el nombre del SEÑOR de los Ejércitos»; sin embargo, experimentó una gran desesperación y se preguntó si Dios lo había abandonado (1 S 13:14; 17:45; Sal 13:1-2).
- Jeremías, a quien Dios escogió para ser su portavoz y exhortar de nuevo a Israel a volverse a él; sin embargo, tuvo problemas de inseguridad, maldijo el día en que nació (Jr 20:14-18) y lloró tanto que lo llamaron «el profeta llorón».

En las páginas siguientes, te pondré más ejemplos de personajes bíblicos que enfrentaron problemas de salud mental; aunque estos casos no solo los vemos en la Biblia. Si lees las biografías de héroes de la fe más contemporáneos, como Martín Lutero, Charles Spurgeon, Martin Luther King Jr. y la Madre Teresa, verás que sus vidas estuvieron llenas de inseguridad, ansiedad y depresión.

NO DEBEMOS *DAR POR SENTADO* QUE LA SALUD MENTAL VIENE SOLA; DEBEMOS COMENZAR A BUSCARLA ACTIVAMENTE.

Muchos piensan erróneamente que por ser cristianos ya debemos gozar de una salud mental perfecta. No ocurre así, ya que somos humanos, y los humanos somos frágiles. Sí, somos salvos, y sí, tenemos el Espíritu Santo, pero recuerda que «tenemos este tesoro en vasijas de barro» (2 Co 4:7).

Entonces, ¿por dónde deberíamos empezar para erradicar el mito número uno y hacer las cosas bien?

Buena pregunta.

No debemos *dar por sentado* que la salud mental viene sola; debemos comenzar a buscarla activamente.

Por desgracia, muchos cristianos no lo hacen debido a un segundo mito.

1.4

MITO 2: LA FE POR SÍ SOLA DEBERÍA SOLUCIONAR LOS PROBLEMAS DE SALUD MENTAL

¿**P**or qué no buscamos activamente la salud mental? Porque suponemos que la fe lo arregla todo.

Sin embargo, nunca he oído a nadie decir:

- «¡Puse mi fe en Jesús y de repente mejoró mi físico!».
- «¡Respondí al llamado del Señor y de alguna manera mi puntuación de crédito mejoró notablemente!».
- «¡Clamé a Jesús para que me salvara y conseguí bajar de peso!».
- «¡Al día siguiente de hacerme cristiano, el acosador del colegio se convirtió en una persona extremadamente amable!».
- «El domingo me bauticé. El lunes fui al médico y me preguntó: "¿Se ha hecho usted cristiano hace poco? ¡Porque veo que ha ocurrido un milagro con su nivel de colesterol!"».

Si pones tu fe en Jesús, él te salva, te perdona y, de este modo, tu fe soluciona tu problema con el pecado. No obstante, que Jesús te salve no significa que ponga inmediatamente en orden todas las áreas de tu vida.

¿No es esto cierto?

Sabemos que sí, es obvio, pero por algún motivo muchos no aplican esta verdad a la salud mental.

El mensaje en demasiadas iglesias es: «¡Solo necesitas más fe! Si te sientes triste, estás solo, preocupado, abrumado, deprimido, agotado o traumatizado, solo necesitas más fe».

Ciertamente, aunque todos necesitamos más fe, también podríamos necesitar:

- Seguir una dieta mejor.
- Dormir más.
- Acudir al médico para tratar desajustes hormonales.
- Encontrar mejores amigos.
- Acudir a terapia con un profesional capacitado.

Si te fracturas un hueso, no necesitas que alguien te diga que tengas más fe y te lea un versículo de la Biblia; necesitas un médico o un cirujano para atender esa fractura. Y si tienes problemas de salud mental, no los solucionarás con ser solamente cristiano.

La fe siempre ayuda, pero debemos adoptar un enfoque más holístico, integral, no tan unidimensional. No me refiero necesariamente a la «medicina holística», sino a que debemos reconocer que aquí no se trata solo de la fe.

Cuando le preguntaron a Jesús qué era lo más importante, ten en cuenta que no dijo: «Simplemente tengan más fe». Respondió: «Ama al Señor tu Dios con todo tu corazón, con toda tu alma, con toda tu mente y con todas tus fuerzas». Y luego añadió: «Ama a tu prójimo como a ti mismo» (Mr 12:30-31). Jesús reconoció que somos seres complejos, compuestos de corazón, alma, mente y cuerpo, y que fuimos creados para relacionarnos.

Somos seres complicados, hemos experimentado muchas cosas. Hemos pecado y han pecado contra nosotros, hemos mentido y nos han mentido, hemos herido a otros y nos han herido. Muchas cosas ocurren bajo la superficie. Por lo tanto, sí, necesitamos más fe, pero la verdadera salud mental va a requerir algo más que eso.

El apóstol Jacobo, al referirse al equilibrio entre la fe y las obras, escribe: «Como pueden ver, una persona es declarada justa por las obras y no solo por la fe» (Stg 2:24).

Por lo tanto, si estamos de acuerdo en que debemos buscar activamente la salud mental y admitimos que la fe por sí sola no lo arregla todo, todavía tenemos que lidiar con un tercer mito.

MITO 3: DIOS NO SE INTERESA EN LOS PROBLEMAS DE SALUD MENTAL

Tal vez este tercer mito se ha mantenido porque, al haber guardado tanto silencio la iglesia al respecto, la mayoría de las personas supone que Dios no se interesa en los problemas de salud mental.

No obstante, sí se interesa.

Por supuesto que sí, pues él vela por *ti*.

Dios se preocupa por los problemas de salud mental, por eso se mencionan tanto en la Biblia, sobre todo en el Libro de los Salmos.

Salmos es el libro más extenso de la Biblia y son las oraciones y los cánticos del pueblo de Dios. Algunos tienen tema de alabanza y acción de gracias, y contienen algunos de nuestros versículos favoritos de la Biblia. Seguramente has visto hermosas tazas de café decoradas con inspiradores versículos de los Salmos.

> Que te conceda lo que tu corazón desea;
> que haga que se cumplan todos tus planes. (Sal 20:4)

> El Señor es mi pastor, nada me falta. (Sal 23:1)

> Siempre tengo presente al Señor;
> con él a mi derecha, nada me hará caer. (Sal 16:8)

No obstante, hay más salmos que describen sentimientos de angustia, ansiedad, enojo, desaliento y depresión. En ellos vemos cómo el pueblo de Dios expresa su desesperación. Sin embargo, nunca verás estos versículos estampados en tazas de café.

> Me estoy hundiendo en un pantano profundo
> y no tengo dónde apoyar el pie.
> Estoy en medio de profundas aguas

y me arrastra la corriente.
Cansado estoy de pedir ayuda;
    tengo reseca la garganta. (Sal 69:2-3)

¿Hasta cuándo, Señor, me tendrás en el olvido?
    ¿Hasta cuándo esconderás de mí tu rostro?
¿Hasta cuándo he de atormentar mi mente con preocupaciones
    y he de sufrir cada día en mi corazón? (Sal 13:1-2)

¡Rómpeles la quijada a mis enemigos!
    ¡Rómpeles los dientes a los malvados! (Sal 3:7)

No tengo dónde refugiarme;
    por mí nadie se preocupa. (Sal 142:4)

Me siento muy débil. (Sal 142:6)

A lo largo de los Salmos, encontrarás estas (y otras) expresiones dolorosas de desaliento, aflicción, miedo e ira. No obstante, quiero mostrarte una que casi nunca se destaca. Se ha señalado que Salmos 88 «resulta embarazoso para la fe convencional»,[1] probablemente porque desafía las narrativas simplistas que sugieren que todo irá bien si uno confía en Dios. Comienza así: «Al director musical». (Recuerda esta frase). Se trata de un cántico que el pueblo de Dios le cantaba al Señor en sus reuniones de adoración y que era lo bastante popular como para que lo incluyeran en el Salterio.

El compositor de Salmos 88 fue un hombre llamado Hemán. Esto es lo que sabemos de Hemán según la Biblia:

- Tenía una gran sabiduría (1 R 4:31).
- Era famoso por su habilidad musical (1 Cr 6:33; 15:17-19; 16:41-42; 25:1).
- Se lo conocía por ser un gran padre, pues tuvo hijos excepcionales (1 Cr 25:5-6).
- Era respetado por su fiel servicio al rey (1 Cr 25:6).

La idea es que Hemán era un buen tipo al que todos admiraban. Lo habían nombrado como líder de adoración del pueblo de Dios y la gente lo respetaba.

Entonces, veamos este cántico de su autoría que los israelitas cantaban en sus reuniones de adoración.

Tan colmado estoy de calamidades
    que mi vida está al borde de la muerte.
Ya me cuentan entre los que bajan a la fosa;
    parezco un hombre que se quedó sin fuerzas.
Me han puesto aparte, entre los muertos;
    parezco un cadáver que yace en el sepulcro,

de esos que tú ya no recuerdas,
    porque fueron arrebatados de tu mano.

Me has echado en la fosa más profunda,
    en el más tenebroso de los abismos.
El peso de tu enojo ha recaído sobre mí. (Sal 88:3-7)

¡Vaya! Cuéntanos cómo te sientes de verdad, Hemán.

Al leer un libro cristiano, a veces tendemos a saltarnos los versículos de la Biblia. Puede que ya hayas leído la Biblia hoy, y después de todo, ya lo has oído todo antes, ¿no es cierto? ¿Puedo exhortarte a que vuelvas a leer esos versículos? Porque supongo que no has escuchado leer ni predicar el Salmo 88 en la iglesia.

Si continúas leyendo el salmo, encontrarás más de lo mismo; el tono no cambia, no se vuelve alentador.

Hemán termina con estas palabras:

¿Por qué me rechazas, SEÑOR?
    ¿Por qué escondes de mí tu rostro?

Yo he sufrido desde mi juventud;
    muy cerca he estado de la muerte.
Me has enviado terribles sufrimientos
    y ya no puedo más.
Tu ira se ha descargado sobre mí;
    tus violentos ataques han acabado conmigo.
Todo el día me rodean como un océano;
    me han cercado por completo.
Me has quitado amigos y seres queridos;
    ahora solo tengo amistad con las tinieblas. (Sal 88:14-18)

Así es, aquí tenemos una oración sombría y perturbadora, sin un final positivo ni atisbo de esperanza, cuyo autor es un hombre de Dios renombrado y respetado.

Y recuerda que este es un cántico de adoración que la gente cantaba junta. Imagínate al pueblo cantando: «Me has echado en la fosa más profunda, en el más tenebroso de los abismos. El peso de tu enojo ha recaído sobre mí. ¿Por qué me rechazas, Señor? ¿Por qué escondes de mí tu rostro?». Un cántico de adoración como este podría hoy expresar: «Mi vida es un desastre, lo digo en serio, no podría ser peor. No tengo más amigos que la oscuridad. Te culpo de todo, Dios. Ya no sé si puedo creer en ti».

Hay algo aquí que se debe tener presente: Salmos 88 fue inspirado por Dios.

¿Qué significa eso?

Ciertamente parece indicar que Dios no le teme a nuestra sinceridad.

Y también que se preocupa por nuestros problemas de salud mental. Después de todo, decidió incluir el Salmo 88 en la Biblia.

Por otro lado, es importante que sepamos que, además de preocuparse por nuestro dolor, Dios entiende lo que enfrentamos en la vida.

DIOS NO LE TEME A NUESTRA SINCERIDAD.

Es posible que lo dudes, y en tus momentos de mayor sinceridad ores con dolor: «Dios, no lo entiendes. No sabes por lo que estoy pasando, no puedes entender lo que es ser yo».

No obstante, él sí lo entiende.

Antes expresé que tenemos estas dificultades porque somos seres humanos. Entonces, por su amor a nosotros, Dios eligió hacerse hombre y compartir nuestra condición humana para ir a la cruz y expiar nuestros pecados. No obstante, también se hizo humano para poder comprendernos. En Hebreos 4:15-16 se nos exhorta a acercarnos a Jesús, nuestro sumo sacerdote: «Porque no tenemos un sumo sacerdote incapaz de compadecerse de nuestras debilidades, sino uno que ha sido tentado en todo de la misma manera que nosotros, aunque sin pecado. Así que acerquémonos confiadamente al trono de la gracia para recibir la misericordia y encontrar la gracia que nos ayuden oportunamente».

Jesús pasó por las mismas cosas que nosotros y comprendía nuestras emociones. Algunos estudiosos de la Biblia estiman que, en los Evangelios, podemos ver a Jesús experimentar treinta y nueve emociones diferentes.[2] Vemos cómo Jesús siente la frustración, el miedo, la aversión, la angustia, la empatía, la alegría, la ansiedad y el enojo.

¿Qué significa todo esto? Significa que Dios entiende tu dolor y te invita a acercarte a él. Aquí se afirma que puedes acercarte con confianza para recibir su misericordia, y que él quiere que lo hagas porque te ama y puede ayudarte.

Según Hebreos, que Jesús haya vivido como humano, es otro beneficio para nosotros. «Por lo tanto, era necesario que en todo sentido él se hiciera semejante a nosotros, sus hermanos [...]. Debido a que él mismo ha pasado por sufrimientos y pruebas, puede ayudarnos cuando pasamos por pruebas» (He 2:17-18, NTV).

Así que Dios puede ayudarte con tus problemas mentales y emocionales; y esa es una de las razones por las que envió a Jesús.

DIOS ENTIENDE TU DOLOR Y TE INVITA A ACERCARTE A ÉL.

Sé que puedes sentirte impotente y sin esperanza, hasta el punto de que te resulte difícil creer que pueda haber alguna ayuda.

Lo entiendo porque también viví así, en completa oscuridad, sin comprender lo que me pasaba y sin creer que hubiera salida.

Finalmente, luego de más noches en vela y oraciones desesperadas, busqué ayuda profesional.

Y durante los dieciocho meses siguientes, mi vida cambió.

Aprendí nuevas formas de acceder a la ayuda de Dios para afrontar problemas concretos, y esa experiencia me sacó del hoyo en el que estaba y me fortaleció.

Entonces, ya que nos hemos convertido en cazadores de mitos sobre la salud mental, creo que estamos listos para profundizar en los problemas y entender cómo Dios puede ayudarnos a pasar de un estado emocional caótico a uno emocionalmente saludable.

No se preocupen por nada; más bien, en toda ocasión, con oración y ruego, presenten sus peticiones a Dios y denle gracias. Y la paz de Dios, que sobrepasa todo entendimiento, cuidará sus corazones y sus pensamientos en Cristo Jesús. (Fil 4:6-7)

REFLEXIONES DE DR. C.

Cuando me reuní por primera vez con Craig, noté el nerviosismo en su voz. Hablar con honestidad de problemas personales, y de lo que luego él describiría como un colapso emocional, no es fácil para nadie, sobre todo si se está constantemente bajo el escrutinio público; y, como pastor, Craig es excepcional al ayudar y guiar a los demás. Entonces, solo podía imaginar lo incómodo que era para él estar en un puesto de liderazgo tan exigente y necesitar ayuda con sus propios conflictos internos.

Noté que las dificultades emocionales de Craig no siempre son perceptibles para los demás, pues dirige con éxito una de las iglesias más grandes del país y es un destacado líder ministerial, pastor, orador y autor. No obstante, por dentro, siempre será un ser humano imperfecto que lucha contra la ansiedad, el agotamiento y, en ocasiones, la depresión.

La situación de Craig no es única, pues en estos momentos aproximadamente el 21 % de los adultos estadounidenses (unos 53 millones) padecen algún tipo de enfermedad mental (ansiedad, depresión, trauma, trastorno bipolar, etc.).[1] Y aunque Craig es resultado de la obra maravillosa de Dios, como tú, también es humano e imperfecto, igual que tú. Así que, debido a sus imperfecciones, en cualquier momento podía tener dificultades, como le sucede a uno de cada cinco adultos.[2] Por lo tanto, su «colapso» emocional no fue una señal de fracaso, sino simplemente la confirmación de que es un ser humano imperfecto.

Los problemas de salud mental no tienen que ver con la debilidad. Más bien son afecciones, semejantes a la diabetes, las arritmias cardíacas, la hipertensión y las fracturas óseas que, sin la atención y los cuidados adecuados, pueden llegar a ser incapacitantes y poner en peligro la vida.

Tampoco existe una vacuna psicológica ni espiritual que evite que Craig, o cualquier persona, pueda sufrir algún tipo de enfermedad mental transitorio o crónico en algún momento de su vida; nadie es inmune. Aunque la salud física de Craig, su fe, el apoyo de su familia y amigos y su vida espiritual son excelentes, la salud mental es el resultado de la compleja interacción de varios factores:

- La genética, la anatomía y la fisiología.
- Las vivencias del desarrollo, las relaciones, las situaciones estresantes y los traumas.
- Los patrones de pensamiento y respuesta aprendidos y profundamente arraigados a lo largo del tiempo.
- Los hábitos para una conducta saludable (ejercicio, sueño, dieta).
- La comunidad y la cultura en la que vive una persona.

La salud mental de un individuo puede presentar complejidades, y las estrategias eficaces para recuperarse de un colapso emocional y reforzar la resiliencia deben abordar, en cierta medida, las posibles causas y la compleja interacción de estos factores.

También sería perjudicial para Craig (o para ti) pensar que problemas como el miedo, la preocupación y la ansiedad persistentes mejorarán por arte de magia sin buscar ayuda profesional. Casi la mitad de los adultos estadounidenses con problemas de salud mental no buscan este tipo de ayuda.[3] Los motivos pueden variar, pero a menudo son la falta de confianza en la atención de salud mental y la falta de comprensión del tipo de ayuda que se necesita.

En ocasiones, muchos cristianos consideran los problemas de salud mental como un estigma y temen que si sus dificultades se llegan a conocer los demás los vean como personas emocionalmente frágiles o débiles en la fe. Además, son relativamente pocas las iglesias que tienen un personal clínico capacitado y disponen de estrategias basadas en evidencias para ayudar a quienes sufren enfermedades mentales. Esto hace que a menudo los cristianos se sientan aislados, avergonzados y sin apoyo.

Por eso agradezco la humildad y la valentía de Craig al buscar ayuda profesional, y su disposición a compartir abiertamente con los demás las dificultades que afrontó. Además, es importante entender que el objetivo de Craig no era simplemente superar las situaciones estresantes de su vida y sentirse mejor, sino también aprender cómo prosperar emocionalmente y hacerse más fuerte en medio de las presiones que enfrenta y enfrentará, lo cual incluye avanzar cada día más para convertirse en la persona que Dios quiere que sea.

Espero que también sea así contigo. Que tengas este libro probablemente indica que ves una oportunidad para mejorar, crecer o sanar. No importa lo que hayas sufrido o estés experimentando, siempre hay esperanza. Como señala el autor de Hebreos: «Mantengamos firme la esperanza que profesamos, porque fiel es el que hizo la promesa» (10:23).

Me siento honrado de poder ofrecerte mi conocimiento práctico y mi perspectiva espiritual para acompañarte (junto a Craig y, lo más importante, junto a Dios) en tu camino hacia la sanidad. Al comenzar este trabajo juntos, aferrémonos a la esperanza que tenemos en Cristo. Él nos ha prometido su presencia, su consuelo, su amor y su gracia, y es fiel a su promesa.

PREGUNTAS PARA REFLEXIONAR

1. En tu opinión ¿por qué la mayoría de las personas prefieren no hablar de sus dificultades y, en cambio, optan por ocultarlas y mantener esos sentimientos en secreto?

2. ¿Qué motivos puede haber para que una iglesia enseñe que un «buen cristiano» debería ser capaz de superar cualquier problema de salud mental «si tiene suficiente fe»?

3. ¿Qué comprendiste o aprendiste al leer las palabras directas y sinceras del Libro de los Salmos, sobre todo las de Hemán en Salmos 88?

4. ¿De qué manera las palabras sobre Jesús en Hebreos 4:15-16 y 2:17-18 pueden animarte a buscar ayuda para todo problema mental, emocional o espiritual que tengas?

DIARIO

Al final de cada capítulo hay un espacio para escribir un diario. Debido al contenido de este libro, y las respuestas y revelaciones profundamente personales que puedes experimentar al leerlo, el propósito de este espacio es brindarte la oportunidad de poner por escrito tus pensamientos, sentimientos, emociones y respuestas. Procesar el contenido por escrito, así como todo lo que puedas escuchar a través de tu relación con Dios, puede ser una forma muy útil y reveladora de obtener el máximo beneficio en lo que respecta a tu salud mental. Si necesitas más espacio, utiliza un cuaderno o una aplicación en tu teléfono o tableta. Entonces, manos a la obra, ¡escribe!

PARTE 2

LA ANSIEDAD

2.1

INTRODUCCIÓN

Fue mi primera experiencia con una ansiedad tan abrumadora, y supe que estaba a punto de vomitar.

Tenía veintitrés años y era un pastor asociado novato. A nuestro pastor principal lo iban a operar de la espalda y me comunicó que debía sustituirlo en la predicación el domingo, y también el martes, el miércoles, el jueves y el domingo siguiente.

Sí, leíste bien, celebrábamos cultos los domingos y los miércoles, como muchas iglesias, pero también teníamos un estudio bíblico a la hora del almuerzo los martes y jueves. El pastor me notificó que debía sustituirlo todos esos días.

Al ser un joven predicador sin experiencia alguna, cada vez que iba a compartir la Palabra de Dios, me ponía tan nervioso que vomitaba en un cubo de basura. ¡Siempre vomitaba! Lo llamaba «vómito sagrado», aunque Amy, mi esposa, decía que era simplemente asqueroso. Luego, durante la predicación, me ponía tan tenso que me salían manchas rojas en la cara y el cuello, y todos en la iglesia se preocupaban por mí.

Cuando conocí la intensa tarea que tenía por delante, me sentí muy poco preparado para ella; es más, me sentí aterrorizado. *¿Por qué?* Sabía que no era lo suficientemente bueno, ni tenía el conocimiento necesario y que decepcionaría a todo el mundo. Era un manojo de nervios, el corazón me latía desbocado, no podía respirar.

Me pasé el resto de la semana pensando qué temas debía preparar para cada uno de los cinco sermones y estudios bíblicos. Nada me parecía bien, cada idea que se me ocurría era peor que la anterior. En lugar de dormir, tenía sudoraciones toda la noche y sentía que podía morir en cualquier momento por la falta de aire.

Finalmente, en mi desesperación, valoré la posibilidad de hablar con alguien que pudiera ayudarme. Recordé que en nuestra iglesia había un líder espiritual mucho mayor que yo y muy preparado. Probablemente no tendría ni cuarenta años, pero yo era tan joven que lo veía como un hombre mayor. Lo admiraba y confiaba en él, así que le pregunté si podíamos reunirnos. Cuando aceptó, me sentí de inmediato muy aliviado, pues seguramente él entendería lo que me pasaba. Y con ese primer destello de esperanza, le confesé: «La ansiedad me está matando, no sé qué hacer».

Cuando sonrió y comenzó a hablar, me dispuse a escuchar cada palabra de su sabiduría, la ayuda estaba en camino.

Con un poco de decepción, expresó: «Craig, los cristianos no deberían tener ansiedad, *sobre todo* los pastores».

¡La ayuda no estaba en camino! (Lo que sí venía en camino era otro «vómito sagrado»).

Es casi imposible describir lo que experimenté en ese momento. Decir que sentí vergüenza es adecuado, pero no lo suficientemente fuerte. Devastado se acerca, pero en realidad me sentí mucho peor. En mi más profunda desesperación, necesitaba de alguien que me entendiera y se preocupara por mí; sin embargo, su respuesta fue como si me golpearan el alma con un bate de béisbol.

«Deberías dejarlo en manos de Dios», continuó con el mismo tono despectivo. Luego, supongo que por si no había quedado claro la primera vez, repitió: «Solo déjalo en manos de Dios».

¡Dejarlo en manos de Dios! ¿Acaso pensaba que no lo había intentado ya?

Antes de que pudiera disculparme y retirarme, me lanzó un versículo de la Biblia. (Fíjate que digo «me lanzó», pues cuando alguien te cita un versículo bíblico, generalmente lo hace para animarte. Sin embargo, cuando te «lanzan» un versículo de la Biblia, se siente como si fuera para agredirte). Para ser justos, citó un versículo poderoso que me gusta mucho, pero en ese momento, me sentí agredido. ¿Alguna vez te has sentido así después de que alguien te citara un versículo de la Biblia? A mí me sucedió.

Citó Filipenses 4:4-5, en un tono que me pareció condescendiente: «Alégrense siempre en el Señor. Insisto: ¡Alégrense! Que su amabilidad sea evidente a todos. El Señor está cerca». Luego personalizó el comienzo del versículo 6 y dijo: «No te preocupes por nada, Craig, no te preocupes por *nada*».

Me sentí herido, desilusionado, enfadado y solo. Pensé: *¿Esto que me está pasando es real? Hace un minuto no sabía si era posible sentirme peor, y ahora este hombre lo logra, ¡con un versículo de la Biblia! ¡Buen trabajo!*

Luego, supongo que por si acaso, me lanzó un tercer «no te preocupes por nada». Asentí, esbocé una sonrisa falsa y me marché mientras pensaba: *Dios, ¿es eso posible? ¿No te preocupes por nada?*

2.2

¿NO TE SIENTAS ANSIOSO?

¿Es posible evitar la ansiedad por completo?

Sí, Dios lo afirmó en la Biblia, la cual creo que es su Palabra. No obstante, existen tantas tensiones financieras hoy en día, sumadas a la dificultad de tratar de criar hijos piadosos en un mundo que mayormente ha abandonado a Dios; y también problemas en las relaciones interpersonales, problemas de salud, problemas de trabajo, problemas políticos y problemas raciales. Es posible que además tengas hijos pequeños o padres ancianos que necesitan un cuidado especial. Quizás estés tratando de decidir a qué universidad ir o qué profesión estudiar. Tal vez buscas comprender si deberías empezar a salir con alguien o cómo vas a mantener unido tu matrimonio.

Si sientes que hay una avalancha de cosas que te angustian, no eres el único. El psicólogo Robert Leahy señaló: «El niño promedio de hoy muestra el mismo nivel de ansiedad que el paciente psiquiátrico promedio de los años cincuenta. Nos hemos convertido en una nación al borde del colapso nervioso».[1] Un estudio del 2017 reveló que cuarenta millones de adultos mayores de dieciocho años padecían algún tipo de trastorno de ansiedad, lo que lo convierte en el problema de salud mental más común en los Estados Unidos, y que la mayoría de los afectados desarrollan síntomas antes de los veintiún años.[2] En el 2019, la Asociación Estadounidense de Psiquiatría (APS, por sus siglas en inglés) determinó que dos de cada tres estadounidenses decían estar algo ansiosos o extremadamente ansiosos respecto a la seguridad, las finanzas y la salud.[3]

A eso le siguió la locura que se desató en 2020 con una pandemia, y los confinamientos que aislaron a todo el mundo y no hicieron más que incrementar nuestra ansiedad. Esta situación causó mayor daño a los más jóvenes. Un estudio reveló que el 88 % de los estudiantes universitarios experimentaban estrés de moderado a grave, y que entre un tercio y la mitad sufrían ansiedad, depresión o ambas.[4]

En general, las recetas de medicamentos como Xanax, Librium, Valium y Ativan, que se utilizan normalmente para tratar la ansiedad, las fobias y los ataques de pánico, se cuadruplicaron entre 2002 y 2015, según el Instituto Nacional sobre el Abuso de Drogas (NIDA, por sus siglas en inglés).[5] Además, el uso indebido de medicamentos de prescripción se ha convertido en un problema mundial. En 2018, la Oficina de las

Naciones Unidas contra la Droga y el Delito publicó un informe que señalaba: «El uso no médico de medicamentos de prescripción se está convirtiendo en una gran amenaza para la salud pública y el cumplimiento de la ley en todo el mundo. Entre estos medicamentos, los opioides causan el mayor daño, pues están presentes en el 76 % de las muertes asociadas a trastornos por consumo de drogas».[6]

Reconozco que la ansiedad es un fenómeno complejo, que no soy un experto en ella y que no todos ocupamos el mismo lugar en su espectro.

Para algunos, la ansiedad puede ser una leve sensación de inquietud y malestar que aparece ocasionalmente, en dependencia de las circunstancias. Por ejemplo, cuando estás a punto de enfrentarte una situación social incómoda, cuando tienes que dar una conferencia importante o al darte cuenta de que el mensaje de texto que enviaste ayer se autocorrigió con una palabra realmente embarazosa.

Para otros, la ansiedad es debilitante. Puedes llegar a sentir que no puedes funcionar debido a una sensación constante de temor abrumador e insoportable.

Independientemente del lugar que ocupes en ese espectro, quiero que sepas que Dios se preocupa por ti. Se preocupa por lo que a ti te preocupa y quiere ayudarte a llevar el peso que cargas. Él te guiará y te amará mejor de lo que jamás creíste posible.

DIOS SE PREOCUPA POR LO QUE A TI TE PREOCUPA, Y QUIERE AYUDARTE A LLEVAR EL PESO QUE CARGAS.

Prometo que no voy a lanzarte a la cara un versículo de la Escritura, pero sí quiero referirme a alguien en la Biblia que experimentó circunstancias suficientemente difíciles como para causarle una ansiedad debilitante a cualquiera, y luego considerar qué podemos aprender de cómo esta persona enfrentó la situación.

En la historia reciente, hubo algunos Kings famosos.

- Martin Luther King Jr. tuvo un sueño.
- B. B. King tocaba blues.
- Larry King entrevistó a muchos invitados.
- King Kong aplastaba aviones a manotazos en lo alto del Empire State.
- Carole King nos recordó que es bueno saber que tienes un amigo.
- Billie Jean King fue una gran tenista.
- Stephen King escribe libros que nos provocan pesadillas a todos.
- King James es muy bueno en baloncesto.

En español, *kings* se traduce *reyes*; y mucho antes de todos esos personajes, la nación de Israel tuvo una serie de reyes, algunos buenos y otros malos.

Josafat fue el cuarto rey de Judá, el reino del sur. Fue uno de los buenos, pues amaba con sinceridad a Dios y trataba de honrarlo al gobernar con fidelidad. Desafortunadamente, el reino de Judá, liderado por él, tenía algunos enemigos que se preparaban para atacarlo:

- Los moabitas
- Los amonitas

- Los meunitas

En 2 Crónicas 20 leemos que los moabitas, los amonitas y los meunitas habían decidido combinar sus fuerzas y formar un gran ejército para hacerle la guerra a Josafat y derrotar a la nación de Israel. Es un momento muy difícil cuando en el versículo 2 el rey recibe la noticia de que se acercan: «... y alguien fue a informarle: "Del otro lado del mar Muerto y de Edom viene contra ti una gran multitud"».

Es lógico pensar que ese informe provocó mucha ansiedad.

YANSIEDAD

¿Alguna vez has inventado una palabra? Yo tampoco, pero voy a intentarlo.

Yansiedad.

Ahí la tienes, y pronto aparecerá en los diccionarios.

Mi suposición es que, si hubieran sido solo los meunitas los que atacaban, Josafat podría haber lanzado una mirada cómplice, hacer un guiño y pensar: *Sí, están atacando, pero somos poderosos y podemos enfrentarlos.*

Si solo hubieran atacado los moabitas o los amonitas, Josafat se habría sentido molesto, pero no preocupado, y pensaría: *Será una pelea dura. Podemos perder algunos hombres, pero ganaremos.*

Por desgracia, el ataque era de los moabitas *y* los amonitas *y* los meunitas, y esa amenaza debe haber provocado gran ansiedad.

¿No es así como puede generarse en nosotros la ansiedad? Si fuera una sola cosa, podríamos manejarla, pero a menudo nos enfrentamos a muchas dificultades a la vez. Podríamos enfrentarnos a una sola fuerza enemiga. ¿No es cierto? Podríamos soportar a un jefe difícil. Sin embargo, cuando añades un niño con dificultades en el colegio y un coche que se estropea, además de los problemas económicos, que crean más estrés en tu ya estresante matrimonio, *y* alguien decide traerte dónuts al trabajo cuando acabas de empezar una dieta... *¡¿por qué?!*

Como he dicho, esto es la *yansiedad*, la suma de una *y* otra *y* otra dificultad.

Para empeorar las cosas, hay cristianos bien intencionados que afirman: «No deberías sentir ansiedad si has entregado tu vida a Jesús. Deberías estar lleno de paz y alegría». Este enfoque te hace sentir aún más culpable y agrava tu ansiedad. Te hace sentir como si estuvieras haciendo algo mal y no hubiera un lugar seguro para hablar de ello.

Quiero detenerme aquí y reconocer que la ansiedad no es un pecado. Todos deberíamos estar de acuerdo en ello. ¿Por qué? Porque Jesús nunca pecó, pero sí experimentó ansiedad. ¿Recuerdas cuando estaba en el huerto de Getsemaní? Sabía que lo iban a traicionar *y* que sus amigos más íntimos lo abandonarían. Sabía que lo torturarían físicamente *y* que lo crucificarían *y* que cargaría con los pecados de todo el mundo *y* que lo apartarían de su Padre celestial. Jesús, que era Dios hecho carne, sabía lo que se avecinaba y su respuesta no fue quedarse de pie en el huerto y cantar: «¡Tengo alegría, alegría, alegría en mi corazón!».

No, Jesús se postró rostro en tierra (Mt 26:39), angustiado, y clamó: «Padre, si quieres, te pido que quites esta copa de sufrimiento de mí» (Lc 22:42, NTV).

Aquí vemos señales inequívocas de *y*ansiedad.

¿Cuál era el estado de ánimo de Jesús? ¿Una paz total? No, ¡para nada! La Biblia afirma: «Estaba en tal agonía de espíritu que su sudor caía a tierra como grandes gotas de sangre» (v. 44, NTV).

LA ANSIEDAD NO ES PECADO, ES UNA SEÑAL.

Estaba en agonía.

Una agonía que lo hacía sudar sangre.

La ansiedad no es pecado, es una señal.

Si estás conduciendo y parpadea una luz roja en tu tablero de instrumentos, eso no significa que tu coche haya hecho algo mal. Esa luz intermitente es una señal que te alerta de algún problema interno que debes solucionar.

Cuando se enciende esa luz roja, ¿escondes tu coche en el garaje con la esperanza de que nadie note que tiene un problema? No, lo llevas a un mecánico, es decir, a un experto en descubrir lo que significa esa luz intermitente y que sabe cómo arreglar el desperfecto.

Del mismo modo, desde una perspectiva espiritual, la ansiedad no es pecado, sino una señal que te alerta sobre tres cosas que deberías hacer.

2.3

ES TIEMPO DE ORAR

Según se expresa en 2 Crónicas 20:3, cuando Josafat conoció que tres ejércitos se habían unido para venir contra su reino, quedó «aterrado», «atemorizado», «tuvo miedo», en dependencia de la traducción que utilicemos.

¿Qué hizo entonces? ¿Y qué deberíamos hacer nosotros cuando nos ahogamos en un mar de ansiedad que nos destroza el alma y nos oprime el corazón?

Para el cristiano, la ansiedad es señal de que es tiempo de oración. Y eso es exactamente lo que hizo el rey. «... Josafat decidió consultar al SEÑOR y proclamó un ayuno en todo Judá. Los habitantes de todas las ciudades de Judá llegaron para pedir juntos la ayuda del SEÑOR» (vv. 3-4).

Con todos reunidos, Josafat eleva una oración sincera en la que reconoce tanto su temor como su fe: «... SEÑOR, Dios de nuestros antepasados, ¿no eres tú el Dios del cielo y el que gobierna a todas las naciones? ¿Es tal tu fuerza y tu poder que no hay quien pueda resistirte!» (v. 6). Luego declara su permanente dependencia al añadir: «Cuando nos sobrevenga una calamidad, o un castigo por medio de la espada, o la plaga o el hambre, si nos congregamos ante ti, en este templo que lleva tu Nombre, y clamamos a ti en medio de nuestra aflicción, tú nos escucharás y nos salvarás» (v. 9).

Me gusta mucho cómo Josafat termina su oración: «¡No sabemos qué hacer! Pero en ti hemos puesto nuestra esperanza» (v. 12).

La ansiedad, desde una perspectiva espiritual, nos alerta de que es tiempo de orar, de llevar nuestras cargas al Dios que sabemos que cuida de nosotros, sobre todo cuando las cosas no salen como queremos.

Cuando te sientas ansioso, ora.

Puedes orar elocuentemente como hizo Josafat, o puedes orar más bien como hago yo: «¡Socorro! ¡Ayúdenme! ¡Ahora!».

Hagas lo que hagas, puedes ser totalmente sincero con Dios, como lo fue Jesús en el huerto. Jesús no solo pidió: «Si es posible, no me hagas beber este trago amargo». En Mateo 26:36-38 también leemos: «Luego fue Jesús con sus discípulos a un lugar llamado Getsemaní y dijo: "Siéntense aquí mientras voy más allá a orar". Se llevó a Pedro y a los dos hijos de Zebedeo y comenzó a sentirse triste y angustiado. "Es tal la angustia que me invade que me siento morir —dijo—. Quédense aquí y manténganse despiertos conmigo"».

Cuando Jesús se vio abrumado hasta el punto de sentirse morir, oró.

Cuando estés angustiado, clama a Dios y ten la certeza de que él escucha el llanto de tu corazón. Pídele fe para creer no solo que te escucha, sino que también te salvará.

Tengo una buena amiga, la doctora Caroline Leaf. (Buena amiga = amiga de Instagram + dos mensajes directos). La doctora Leaf es especialista en trastornos de la comunicación y neurocientífica cognitiva con un máster y un doctorado en Trastornos de la Comunicación y una licenciatura en Logopedia, se ha especializado en neurología cognitiva y metacognitiva. (Seré sincero contigo: no sé qué significa nada de eso, salvo que ella es *realmente* brillante).

La doctora Leaf escribió un gran libro, *Enciende tu cerebro*. Según los resultados de su investigación, señala: «Se ha determinado que doce minutos diarios de oración enfocada durante un período de ocho semanas pueden modificar el cerebro a niveles detectables en un escáner cerebral».[1] ¡Impresionante! La oración no solo toca el corazón de Dios, sino que también cambia la bioquímica de nuestro cerebro.

Esta es una gran noticia, porque a veces siento que mi cerebro se queda atascado, como si fuera al lugar equivocado y se quedara allí. No obstante, doce minutos al día de oración enfocada pueden lograr una transformación real.

La investigación de la doctora Leaf confirma lo que se nos dice en Romanos 12:2: «No se amolden al mundo actual, sino sean transformados mediante la renovación de su mente». Ahora sabemos que Dios no solo le dio a Pablo una metáfora, sino que la oración en verdad renueva nuestra mente.

La ciencia nos habla de la neuroplasticidad, que es la capacidad del cerebro para cambiar, adaptarse y reorganizarse mediante la modificación de sus conexiones sinápticas.[2] En esencia, cuanto más piensas en algo, más fácil te resulta volver a ese pensamiento, porque vas creando una vía neuronal, como un patrón mental que se activa recurrentemente. (Abordo este concepto con más detalle en mi libro *Gana la guerra en tu mente*, sobre todo en la parte 2: «El principio de la reconexión»).

En tu cerebro hay una pequeña parte con forma de almendra llamada amígdala. Es la estructura que activa la respuesta de lucha o huida.[3] Cuando algo va mal, grita: «¡Peligro! ¡Peligro!». Tu amígdala es la razón por la que cuando caminas en el bosque y oyes un crujido, no piensas: *Ah, debe ser un tierno conejito*. No, inmediatamente piensas: *Tiene que ser un tigre, o un león. ¿Tenemos leones y tigres aquí? Probablemente no. ¡Entonces tiene que ser Pie Grande! ¡Pie Grande me persigue!*

Esa es tu amígdala que hace el trabajo para el que Dios la creó: activa la liberación de adrenalina, lo que aumenta el ritmo cardíaco, eleva la presión arterial y dispara los niveles de cortisol, lo que a su vez estimula la liberación de glucosa en la sangre. Todo ello te prepara para la reacción de lucha o huida.

No obstante, aquí se nos puede presentar el problema: ¿qué hacemos cuando no es necesario luchar ni huir?

Si la situación es tensa con tu jefe, tu cónyuge o tu hijo adolescente, no vas a darles un puñetazo ni a huir de ellos. Si tienes problemas financieros o estás estresado por un examen, no necesitas luchar ni huir.

Entonces, ¿qué sucede? Al no poder responder de forma física a esas tensiones, y continuar dándole vueltas al problema, la adrenalina y el cortisol merodean por tu torrente sanguíneo como adolescentes en un centro comercial.

Darle vueltas al asunto es el núcleo del problema.

En realidad, la palabra en la Escritura que más a menudo se traduce como «ansiedad» es *merimnáo*, la cual significa literalmente «estar preocupado o reflexionar» sobre pensamientos de temor.

Como el cerebro se reorganiza alrededor de cada pensamiento, al tener con frecuencia pensamientos que causan miedo, estamos entrenándolo a enfocarse en lo negativo y a estar ansioso.

Lamentablemente, este es un mecanismo natural. ¿No es así? Es natural pensar, y seguir pensando, en lo que va mal y en lo que podría ir mal.

Entonces, ¿cómo lo combatimos? ¿Cómo nos defendemos de la ansiedad que nos ahoga y acaba con nuestra paz?

La solución es orar.

La ansiedad es algo natural.

La oración es *sobre*natural.

Aunque puede ser normal que tengamos pensamientos que generan ansiedad, la oración sobrenatural rompe ese ciclo. Aparta tu mente de lo que temes y, a través de ella, fijas tus pensamientos en «todo lo que es verdadero, todo lo honorable, todo lo justo, todo lo puro, todo lo bello y todo lo admirable» (Fil 4:8, NTV).

Tal vez no sea fácil, pero funciona. La oración rompe el ciclo porque, recuerda, no solo toca el corazón de Dios, sino que también cambia la bioquímica de tu cerebro.

Así que considera la ansiedad como una señal de que es el momento de orar.

Sin embargo, ¿cómo orar cuando tu corazón se acelera y no puedes recuperar el aliento? ¿Cómo hacerlo cuando tus problemas parecen más grandes que tu fe? Ora con la mayor sinceridad posible; sé específico. Dile a Dios lo que te preocupa, expresa exactamente cómo te sientes. Me gusta mucho la oración de Josafat: «Nosotros no podemos oponernos a esa gran multitud que viene a atacarnos» (2 Cr 20:12).

¿Alguna vez te has sentido así? Y has pensado: *Es demasiado, no puedo con todo, no puedo enfrentarlo todo. No tengo lo que hace falta. Ni siquiera sé si puedo continuar.*

Esa es la situación en la que se encontraba Josafat, por eso le dice a Dios, con total honestidad: «¡No sabemos qué hacer!» (v. 12). Probablemente has pasado por eso también y te has dicho: *No tengo ni idea de cómo salir de esto, no hay esperanza. No veo cómo esto pueda cambiar.*

Entonces Josafat encuentra la fe suficiente y ora a Dios: «Pero en ti hemos puesto nuestra esperanza» (v. 12). *Esa* es nuestra oración cuando tenemos miedo y no sabemos qué hacer. Con una fe del tamaño de un grano de mostaza, le decimos: «Dios, en ti pongo mi esperanza. Te estoy buscando, te necesito desesperadamente, te necesito ahora. Estoy entrenando mi mente para pensar en ti. Me acuerdo de quién eres y veo tu carácter, tu naturaleza, tu bondad, tu justicia, tu poder. Elijo creer que estás conmigo, Señor, que obras en todas las cosas, incluso en aquellas situaciones difíciles de mi vida. Por fe confío en que transformarás lo malo en bien. Dios, en ti pongo mi esperanza, mi confianza está en ti».

Hay una razón por la que sientes que no puedes afrontarlo todo tú solo, y es que Dios no te diseñó para hacerlo todo por ti mismo. Por eso la ansiedad es una señal que indica tu necesidad de Dios. Necesitas su presencia y su poder. Necesitas orar.

En 1 Pedro 5:7 se nos dice: «Depositen en él toda ansiedad, porque él cuida de ustedes».

¿Cómo lo hacemos? Bueno, la palabra griega que se traduce como «depositen» es *epirrípto*, que significa «echar sobre o colocar sobre». Se usa solo en otra ocasión en la Biblia. Lucas 19:35 expresa: «Luego pusieron sus mantos encima del burrito y ayudaron a Jesús a montarse». Sus discípulos se quitaron sus mantos y los *epirript*aron sobre el burrito.

Y Dios nos invita a despojarnos de nuestra ansiedad y depositarla sobre él. A tomar nuestras preocupaciones y echarlas o colocarlas sobre él. Echarlas es mucho más proactivo que simplemente ponerlas o entregarlas. Depositarlas significa que podemos orar:

«Señor, no me gusta, no lo entiendo, estoy dolido, desesperado y solo. Mi corazón se acelera y sudo copiosamente. Me estoy volviendo loco, pues no sé qué hacer. Entonces, Dios, te estoy buscando, estoy depositando todo esto en ti».

> **SI LA CARGA ES LO SUFICIENTEMENTE GRANDE PARA PREOCUPARTE, TAMBIÉN LO ES PARA PRESENTARLA EN ORACIÓN A DIOS.**

Por fe, lo tomas todo y lo depositas en Jesús; se lo confías a él. Sabes que a él le importa, porque si está en tu mente, está en su corazón; y también sabes que quiere quitarte esa carga. Pedro, uno de sus discípulos más cercanos, nos dijo que depositáramos nuestras preocupaciones sobre Jesús, nos invitó a ponerlas sobre él para que pudiera ayudarnos con nuestra carga.

Entonces, si la carga es lo suficientemente grande para preocuparte, también lo es para presentarla en oración a Dios.

La ansiedad es una señal que te indica que es tiempo de orar.

¿Y qué haces entonces?

2.4

ES TIEMPO DE HACER UNA PAUSA

En el test de personalidad StrengthsFinder para la evaluación de fortalezas persona-les, soy activador.[1] Los activadores tienen una vitalidad constante que los impulsa a actuar y expresan ideas como: *No te quedes ahí parado, haz algo. La peor acción es la inacción. ¿Podemos empezar ya?* y *¡Hagamos algo!*

Aunque parece un rasgo admirable, también puede ser un problema. Como cada vez que Amy, mi esposa, quiere contarme sus sentimientos, yo intento solucionar lo que sea que la esté molestando.

Después de más de tres décadas de matrimonio, sé que cuando ella dice: «¿Me vas a escuchar nada más?», quiere decir exactamente eso: «¿Me vas a escuchar nada más?». Bastante simple, ¿verdad?

No obstante, cuando dice: «¿Me vas a escuchar nada más?». Yo oigo: «¿Me dirás qué me pasa?», «¿Llamarás al técnico de reparaciones?», «¿Corregirás a alguien en mi nombre?» o «¿Me podrás comprar algo ahora?».

Como activador, puede ser un reto para mí hacer una pausa y orar, pero sé lo importante que es la oración y así lo hago. Sin embargo, después de orar: *¡A la carga, en marcha! Ya hemos orado, ¡hagamos algo ahora! Ya le hemos pedido a Dios lo que queremos que haga, ¡ahora vamos a hacerlo!*

Esa es mi inclinación natural. Sin embargo, he aprendido que no siempre es el mejor plan, pues a veces después de orar, o tal vez siempre después de orar, y sobre todo cuando nos enfrentamos a la ansiedad, es necesario hacer una pausa. En lugar de «no te quedes ahí, haz algo», la idea sería «no hagas nada, quédate ahí».

Eso es lo que hicieron los israelitas. Josafat concluyó su oración con: «¡No sabe-mos qué hacer! Pero en ti hemos puesto nuestra esperanza», y entonces «todos los hombres de Judá estaban de pie delante del SEÑOR, junto con sus mujeres y sus hijos, aun los más pequeños» (2 Cr 20:13).

¿Te diste cuenta?

Se quedaron allí parados.

¿Y si consideraras que la ansiedad es una señal de que primero es tiempo de orar y luego de hacer una pausa?

¿Por qué hacer una pausa?

- Porque todo en tu vida parece caótico y la quietud puede ser exactamente lo que necesitas (1 R 19:11-13).
- Porque en la quietud sabrás que Dios es Dios (Sal 46:10).
- Porque Dios pretende que la oración sea un diálogo, y si no haces una pausa, es probable que hables, pero no escuches (Éx 33:11).
- Porque necesitas escuchar a Dios, y es más fácil oír su voz en el silencio (Job 6:24).
- Porque casi siempre estás en movimiento, siempre esforzándote, siempre luchando, pero Jesús te invita a acudir a él para recibir descanso (Mt 11:28-29).

Es probable que te preguntes: *Craig, ¿dices que, si oro y luego no hago nada, Dios me sanará de mi ansiedad?*

Es posible.

A veces lo hace.

Sin embargo, es más común que sea un proceso.

La primera vez que oré por mi ansiedad, no sané milagrosamente. Tampoco la segunda ni la tercera vez. La oración y la pausa en busca de ayuda me tomaron algún tiempo, y parte de mi recorrido incluyó la decisión de buscar terapia, lo que me llevó a Dr. C.

Al hacer una pausa, te quedas quieto y escuchas, Dios a menudo te habla o te impulsa a dar un paso específico. Es posible que al principio te parezca un paso pequeño e insignificante, pero luego, al mirar hacia atrás, te darás cuenta de que fue un primer paso esencial para librarte de la ansiedad y acercarte a la paz interior.

¿Qué podría decirte Dios? No lo sé, pero podría guiarte a dar algunos pasos, por ejemplo:

- Dirigirte a memorizar un versículo de la Biblia que te ayude a renovar tu mente.
- Inducirte a cambiar tu dieta, para que la química de tu cuerpo funcione mejor.
- Guiarte a encontrar un médico que identifique el medicamento necesario para regular las sustancias químicas de tu cerebro.
- Inducirte a recibir terapia profunda con un profesional capacitado que te ayude a sanar del trauma que has experimentado.

Ya sea que tu sanación de la ansiedad ocurra en un instante o a través de un proceso, comienza con Dios y es dirigida por él. Así que deberás orar y hacer una pausa.

Los israelitas oraron y luego se quedaron allí parados, y «entonces el Espíritu del Señor vino sobre Jahaziel» (2 Cr 20:14).

Podrían haber orado y luego actuado (o tenido miedo de actuar) según su propia sabiduría (o la falta de ella). No obstante, oraron y se quedaron allí. Después de hacer una pausa, Dios le habló a Jahaziel, quien compartió la palabra de Dios con ellos: «Así dice el SEÑOR: "No tengan miedo ni se acobarden cuando vean ese gran ejército, porque la batalla no es de ustedes, sino mía"» (v. 15).

Me pregunto si eso es lo que Dios quiere que le escuches decir.

No tengas miedo.

No te desanimes.

Esta batalla no es tuya, sino mía.

Las siguientes palabras que Dios dirigió a los israelitas, a través de Jahaziel, fueron «mañana [...] ustedes saldrán contra ellos (v. 16).

Dios afirmaba que podían enfrentarse a un enemigo intimidante, incluso abrumador, porque él estaría con ellos e iría a la vanguardia.

Lo mismo puede aplicar para ti.

Puedes hacer frente a la ansiedad porque Dios está contigo. Está contigo ahora mismo mientras lees estas palabras, te anima, te fortalece, está a tu lado. Te ama, se preocupa por ti, tiene un poder que es real y nunca te dejará ni te abandonará (Dt 31:6).

2.5

ES TIEMPO DE ALABAR

Recuerda, la ansiedad no es un pecado. Es una señal de que es tiempo de orar, es tiempo de hacer una pausa, y luego es tiempo de alabar.

Josafat oró.

El pueblo hizo una pausa. Se quedaron parados y esperaron.

Entonces Dios les trasmitió un mensaje: «No se preocupen, la batalla es mía».

Lo cual era tranquilizador, pero todavía había tres ejércitos que venían a aniquilarlos.

¿Entonces qué?

En otras palabras, Josafat le dijo al pueblo: «¡Dios nos dará la victoria!», y se prepararon para enviar sus tropas a la batalla. Sin embargo, fíjate a quienes enviaron al frente del ejército: «... Josafat designó a los que irían al frente del ejército para cantar al Señor y alabar la hermosura de su santidad...» (2 Cr 20:21).

¡Cantores! ¿Puso cantores al frente del ejército?

Alguien señala que estos cantantes no tienen armas, y en pocas palabras Josafat dice: «Está bien, ¡solo envíen a los que sepan tocar la pandereta!».

Josafat pone a los cantores al frente, ¡y les dice que canten alabanzas a Dios!

No obstante, ese es su plan de batalla.

¿Y cuál es el resultado de esta cuestionable estrategia?

El ejército marcha hacia la batalla con el coro que va cantando al frente. Los sonidos de sus cantos de adoración resuenan por todo el valle. Los ejércitos enemigos, que se preparan para atacar, escuchan este ruido que viene hacia ellos, y no vas a creer lo que sucede. «Tan pronto como empezaron a entonar este cántico de alabanza, el Señor puso emboscadas contra los amonitas, los moabitas y los del monte de Seír que habían venido contra Judá y los derrotó. De hecho, los amonitas y los moabitas atacaron a los habitantes de los montes de Seír y los mataron hasta aniquilarlos. Luego de exterminar a los habitantes de Seír, ellos mismos se atacaron y se mataron unos a otros» (vv. 22-23).

¡Impresionante!

Comienza el canto y algo sucede con los tres ejércitos que, recordemos, no eran aliados normalmente. Habían unido sus fuerzas solo porque estaban interesados en derrotar a los israelitas. Cuando oyen el canto, por alguna razón, se vuelven unos contra otros. No sabemos por qué, pero no van a la guerra contra los israelitas, ¡sino unos contra otros! Fue un milagro de Dios, pues antes de que llegaran los israelitas, estos ejércitos se matan entre sí.

Cuando los israelitas llegan al campo de batalla listos para el combate, no queda nadie para luchar. Solo hay enemigos muertos esparcidos por todas partes. Hay tantos cadáveres que los soldados israelitas tardan tres días en enterrarlos a todos.

Por último, hacen una celebración, porque Dios los ha librado de sus enemigos. Así que, a partir de ese momento, ese lugar se llamó el valle de Beracá, que significa «bendición».

Lo que comenzó como una batalla llena de ansiedad se convirtió en un valle de bendición.

No obstante, ¿te fijaste *cuándo* alabaron a Dios? Lo hicieron antes de que les diera las bendiciones. No lo alabaron después, sino antes de la victoria. Lo alabaron por quien es, no por lo que estaba sucediendo. Alabaron a Dios no por sus terribles circunstancias, sino porque seguía siendo bueno incluso *en* sus terribles circunstancias.

Lo alabaron antes de la provisión.

Hubiera sido fácil alabar a Dios después de encontrar aquellos cadáveres. «Espera. ¿Qué? ¿Están todos muertos? ¿Ya? ¡Ganamos, y ni siquiera tuvimos que luchar! Alabado sea Dios, que luchó por nosotros». Del mismo modo, sería fácil para nosotros alabar a Dios después de que responda a nuestras oraciones, después de que haga un milagro, después de que sane nuestra ansiedad.

No obstante, lo alabaron antes de la provisión. Colocaron a los cantores al frente y alabaron a Dios antes de que proveyera, antes de que hiciera algo que pareciera digno de alabanza. Porque incluso en la oscuridad, sabían que Dios es bueno todo el tiempo y siempre merece alabanza.

Alabar a Dios es fácil cuando la ansiedad desaparece. Sin embargo, hace falta fe para alabarlo cuando todavía te duele, cuando no sabes qué hacer y no ves ninguna salida. Se necesita fe para alabar a Dios antes de la bendición.

Josafat y los israelitas oraron, hicieron una pausa y alabaron.

Ganaron la batalla porque confiaron en Dios, y entonces: «Al oír las naciones de la tierra cómo el Señor había peleado contra los enemigos de Israel, el temor de Dios se apoderó de ellas. Por lo tanto, el reinado de Josafat disfrutó de tranquilidad y Dios le dio paz por todas partes» (vv. 29-30).

El Señor peleó la batalla y les dio paz y descanso.

Te conté cómo yo (un pastor mayormente sano) tuve un colapso emocional grave. Por fuera, nadie se daba cuenta, pero estaba aterrorizado en mi interior. Un profundo sentimiento de incapacidad me ahogaba. Estaba forzando demasiado mi cuerpo y mi mente se estaba desmoronando.

Por último, busqué ayuda.

Dr. C. analizó mi situación y me ofreció varios consejos útiles (que expondrá en las reflexiones que siguen a este capítulo). «Para empezar —me dijo—, vamos a recordar el poder de la oración, y me animó a intensificar mi vida de oración.

Y así lo hice.

Luego, me dijo: «Vamos a trabajar con la respiración». Entonces pensé: *Bueno, soy bastante bueno respirando. No estoy seguro de necesitar ayuda. A menos que quiera que me quede sentado en un sitio respirando, pero no tengo tiempo para eso. Soy lo que llaman un «activador».*

Pero Dr. C. me hizo trabajar en mi respiración de todos modos. Me enseñó a respirar lenta y deliberadamente, y a entregarle mis cargas a Dios y a concentrarme en un versículo de la Biblia para renovar mi mente. Me enseñó a escuchar a Dios en el silencio. A respirar, a orar, hacer una pausa y alabar a Dios.

Para mí, luchar siempre había sido sinónimo de acción. Sin embargo, esta era una nueva forma de luchar contra mi ansiedad, pues en ella depositaba mis cargas en él y lo invitaba a luchar por mí.

¿Qué cambió? No mucho al principio. Sin embargo, con el tiempo, aprendí a respirar más despacio y a calmar mi mente. Con la ayuda de Dios, aprendí a depositar mis preocupaciones en él, y él empezó a darme pequeños atisbos de paz. Luego empecé a experimentar su paz y su descanso en todo momento. Aprendí que incluso cuando no podía sentir su presencia, él seguía ahí. Cuando no sabía a quién acudir, era a él a quien tenía que acudir.

No fue un cambio instantáneo. Unos seis meses después, empecé a sentirme mejor, aunque no me atrevía a decirlo en voz alta porque no tenía certeza de que la mejoría fuera permanente. No obstante, con el tiempo, el cambio fue tan significativo que no podía negar que era real.

A decir verdad, no puedo afirmar que hoy me encuentro completamente libre de la ansiedad. Cuando mi agenda está apretada o las necesidades pastorales son demasiadas, siento que mi cuello se tensa y se agita mi respiración. No obstante, he aprendido una nueva manera de librar mi batalla. Cuando me siento ansioso, lo considero una señal de que:

- es tiempo de orar,
- es tiempo de hacer una pausa,
- es tiempo de alabar.

Cuando las cosas se pongan difíciles, te sentirás inclinado a tomar el control de lo que te tiene preocupado. Sin embargo, debes resistir esa tentación. En lugar de ello, deposita tus cargas en Dios. Es tiempo de orar.

Cuando te sientas abrumado por los problemas, si tienes la tentación de actuar de inmediato, intenta sentarte en la presencia de Dios y dejar que él haga lo que solo él puede hacer. Es tiempo de hacer una pausa.

Cuando sientas que te enfrentas a una situación que va más allá de tus fuerzas, te sentirás inclinado a quejarte, pero en lugar de ello dirige tus pensamientos hacia Dios, pues es tiempo de alabar.

Dale gracias.

Adóralo.

Alábalo incluso antes de la provisión.

Cuando te sientas rodeado de enemigos, puedes tener la certeza de que estás rodeado de Dios en el valle de la Bendición (2 Cr 20:26, NTV).

> El Señor mismo marchará al frente de ti y estará contigo; nunca te dejará ni te abandonará. No temas ni te desanimes. (Dt 31:8)

REFLEXIONES DE DR. C.

La experiencia de Craig con el mentor que afirmó que «los pastores no deberían tener ansiedad» refleja cómo muchos cristianos malinterpretan la ansiedad por falta de conocimiento. Vemos cómo muchas personas, bien intencionadas, ofrecen consejos a quienes buscan ayuda y lo que logran es que se sientan peor y sin apoyo.

La ansiedad a menudo proviene de la forma en que uno piensa sobre los conflictos de la vida, y será mayor si ve los problemas más grandes y amenazantes de lo que en realidad son. Como señaló Craig, cuando uno cree que existe un problema o una amenaza, se desencadenan una serie de complejos procesos bioquímicos en el cerebro (que normalmente se originan en la amígdala) y se extienden al resto del cuerpo, lo cual produce la conocida respuesta de lucha, huida o bloqueo.

Esta respuesta emocional-fisiológica puede desencadenar sensaciones de nerviosismo, preocupación, miedo o pánico. Va acompañada de cambios desagradables en el cuerpo, como el aumento de la frecuencia cardíaca, la tensión arterial y la temperatura corporal. También pueden aparecer molestias estomacales o intestinales, tensión y dolor muscular, dolores de cabeza, manos y pies fríos y dificultad para concentrarse y mantener la atención, así como para relajarse, conciliar el sueño y permanecer dormido.

Aunque es común esperar formas leves y moderadas de ansiedad temporal en respuesta a acontecimientos estresantes, los niveles crónicos y elevados no son saludables e interfieren en la capacidad de una persona para funcionar adecuadamente, tanto en casa como en el trabajo. Si te encuentras dentro del 31 % estimado de adultos estadounidenses que padecen un trastorno de ansiedad en algún momento de su vida, tienes entre tres y cinco veces más probabilidades de acudir al médico porque crees que tienes un problema médico.[1]

Independientemente de los factores de riesgo que puedas tener (como la genética, la neuroquímica, los acontecimientos estresantes y traumáticos, los patrones erróneos de pensamiento y respuesta al estrés, los malos hábitos de salud diarios, el abuso de sustancias, etc.), la mayoría de los estados de ansiedad tienen que ver con la forma en que interpretas y procesas la información sobre tus desafíos reales o imaginarios y tu capacidad para afrontarlos.

Aunque los medicamentos son útiles para controlar los síntomas de forma rápida, no son una cura, sino una solución temporal. Además, si se consumen con frecuencia, también pueden crear adicción. Casi un millón de personas en EE. UU. abusan de medicamentos con receta (tranquilizantes y sedantes) destinados al alivio temporal de la ansiedad.[2] Por lo tanto, la forma más eficaz y duradera (sin el uso de fármacos) para hacer frente a la mayoría de los casos de ansiedad es abordar su causa, que a menudo radica en la forma de pensar y responder a los problemas.

Craig abordó la terapia con la mentalidad de que, si Dios no eliminaba su ansiedad, entonces Dios podría haber estado guiándolo a hacer cambios en su vida para que pudiera soportar más eficazmente los desafíos que él le estaba poniendo en el camino.

Para Craig también fue importante comprender (y lo es para ti) que el cerebro funciona como un procesador informático, y que su ansiedad dependía en parte de la influencia de patrones de pensamiento y respuesta a acontecimientos de su pasado y su presente, que había aprendido y se encontraban profundamente arraigados. Además, su ansiedad le provocaba a veces una visión de túnel al insistir en cuestiones negativas sobre las que no tenía control. Parte de cualquier estrategia de crecimiento consiste en aprender técnicas para mejorar la forma en que el cerebro procesa y crea soluciones a los desafíos y los problemas.

Una de las muchas razones por las que las disciplinas espirituales (como orar, hacer una pausa y alabar) funcionan tan bien para controlar la ansiedad es que ayudan a renovar la mente (Ro 12:2). Podríamos expresar que renovar la mente es cómo «limpiar» y «recodificar» la forma en que nuestro cerebro procesa la información. Cuando Craig oraba, hacía una pausa y alababa, se abría a formas nuevas, realistas y claras de pensar sobre sus problemas, lo que lo ayudaba a liberarse de hábitos de pensamiento profundamente arraigados que a menudo empeoraban su ansiedad. Cuando trabajaba para renovar su mente, a veces descubría que el problema que lo agobiaba no era tan grave como pensaba. En otras ocasiones, aprendió a liberar su mente de la preocupación por cosas que no podía controlar. Al dar pasos concretos diarios para renovar su mente, aunque tan solo fuera durante diez o quince minutos al día, fue capaz de desarrollar soluciones inspiradas por Dios que lo ayudaron a resolver algunos dilemas muy difíciles.

Además, Craig comprendió que mediante la respiración controlada y la meditación podía ralentizar e incluso invertir los procesos bioquímicos relacionados con su ansiedad.

ES TIEMPO DE REFLEXIONAR

Mientras Craig se esforzaba en renovar su mente, también mejoraba su capacidad de pensar bajo presión. Esto incluye aprender la misma técnica de «reflexionar bajo presión» para mantener una mentalidad resiliente que utilizan los atletas profesionales y las tripulaciones aéreas de operaciones especiales cuando tienen que actuar en condiciones extremas.

Esta técnica se basa en que lo que provoca la ansiedad no son los acontecimientos externos, sino la forma en que la mente piensa en ellos. Por ejemplo, supongamos que José y Roberto son dos paracaidistas de operaciones especiales de la fuerza aérea que se preparan para saltar en paracaídas desde un avión, de noche y en territorio hostil para llevar a cabo una misión de rescate. Ambos tienen el mismo entrenamiento y la misma destreza.

Mientras está sentado en el avión y espera la señal para saltar, José está a punto de vomitar. Siente pánico; su pensamiento se enfoca en todo lo que puede salir mal y en sus dudas sobre su capacidad para recordar su entrenamiento.

Al mismo tiempo, Roberto está moderadamente ansioso, pero también entusiasmado; se enfoca en lo que puede controlar y hacer bien (más que en lo que no puede controlar ni hacer). Se centra en su entrenamiento y en su capacidad para alcanzar éxito. Ambos hombres están exactamente en la misma situación, pero la forma en que piensan determina el nivel de ansiedad que experimentan. Comprender que tus pensamientos crean y determinan la intensidad de tu ansiedad te ayuda a darte cuenta de cuánto control puedes tener sobre tus emociones, incluso en situaciones extremas.

La técnica de «reflexionar bajo presión» también implica que te tomes un tiempo para analizar tus pensamientos y considerar formas auténticas y realistas de reflexionar sobre los problemas. Identificar vías alternativas para entender la situación a menudo reduce la ansiedad y te ayuda a mantener la compostura y lograr tus objetivos bajo presión. Además, es útil reconocer los errores de pensamiento que suelen desencadenar una ansiedad intensa y nublar tu claridad mental. (Ver Apéndice). Parte del análisis implica limpiar tu mente de estos errores cognitivos y reemplazarlos con formas de pensar más útiles, positivas y realistas. Esta estrategia ayuda a evitar la contraproducente «visión de túnel» que te obsesiona con lo negativo, lo cual dificulta pensar con claridad y responder bajo presión.

ES TIEMPO DE ESTABLECER PRIORIDADES

Además de la secuencia que Craig siguió (orar, hacer una pausa, alabar y reflexionar), un aspecto clave al trabajar con él fue evaluar sus hábitos de salud (alimentación, ejercicio y sueño) y priorizar esas áreas de su vida.[3] Cuidar de tu cuerpo te permite cuidar mejor de tu mente. Sin embargo, descuidarlo puede afectar tu salud mental sin darte cuenta. Por ejemplo: tener niveles crónicamente bajos de azúcar en sangre, padecer deshidratación y el consumo excesivo de alcohol, cafeína o nicotina, que pueden producir efectos similares o intensificar los síntomas de ansiedad.

Además, recomiendo priorizar tus hábitos de salud: la nutrición, el ejercicio y el sueño. Realizar pequeños cambios en estos hábitos tiene un efecto notable en tu bienestar físico y mental.

Cuando llevas una vida muy ocupada, que incluye la atención a los demás, puede ser difícil dedicarte tiempo a ti mismo. Incluso podrías sentirte egoísta por atender tus propias necesidades. Sin embargo, parte del desarrollo de tu resistencia emocional y de la capacidad para recuperarte de la ansiedad implica tomar decisiones diarias que te ayuden a renovarte físicamente y a restablecer el equilibrio de los procesos bioquímicos de tu cerebro. Dar prioridad a tus hábitos de salud puede incluir, entre otros aspectos:

Ingerir comidas sanas y equilibradas que se ajusten a tus necesidades nutricionales y a tu gasto energético diario.

Tomar suplementos nutricionales diarios (proteínas, multivitaminas y nutrientes importantes como los ácidos grasos omega 3) que se ajusten a tu edad y a tus necesidades de salud.

Consumir regularmente agua y electrolitos para mantener la hidratación.

Reducir el consumo de cafeína, nicotina, suplementos energéticos y alcohol.

Hacer ejercicio regularmente con una intensidad de moderada a alta, tres o cuatro días a la semana, para mantener la salud cardiovascular y la fuerza física.

Dormir habitualmente entre seis y ocho horas cada noche.

Con el conocimiento de que tenemos un control directo sobre nuestros hábitos de comportamiento, Craig no estuvo solo a la hora de hacer ajustes en sus hábitos de salud, sino que pidió consejo a su médico y a otras personas expertas en cada una de estas áreas. Tú puedes hacer lo mismo.

MANTENERSE FIRME

Para recapitular, cuando sientas que la ansiedad se apodera de ti, entrénate para aceptarla como una advertencia temprana de que debes hacer una pausa, orar y alabar (a Dios), mientras reflexionas humildemente enfocado en tu interior (en ti mismo) y priorizas tus hábitos de salud para mejorar la forma en que piensas y respondes a los desafíos que Dios te presenta en la vida. Entonces, poco a poco, con el tiempo, podrás hacer cambios que fortalezcan tu resistencia interior y te acerquen a convertirte en la persona que Dios quiere que seas.

Un comentario final: ni Craig ni tú alcanzarán en esta vida un estado permanente libre de ansiedad. Como seres humanos imperfectos, Craig y tú deben tener claro que Dios aún no ha terminado su obra en ustedes. La transformación para Craig y para ti es un proceso continuo, para toda la vida. Es sabio continuar practicando la respiración, dedicar tiempo a hacer una pausa, a la oración, a la alabanza, a la reflexión y establecer prioridades con humildad, intencionalidad y regularidad. La transformación puede ser lenta, pero continuarás creciendo de formas que te permitirán manejar eficazmente la ansiedad y mantenerte firme ante los desafíos aparentemente abrumadores de tu vida.

PREGUNTAS PARA REFLEXIONAR

1. En tu opinión, ¿por qué es tan común que las personas, después de oír a alguien confesar un problema de salud mental, simplemente le aconsejen que «tiene que dejarlo» o «superarlo»?
2. Para el cristiano, ¿cómo podría cambiar las reglas del juego el hecho de replantearse la ansiedad y otros problemas de salud mental y emocional como una señal, y no como un pecado?
3. Para romper el ciclo natural de tener pensamientos ansiosos, ¿qué medidas concretas puedes adoptar para elegir el ciclo sobrenatural de la oración?
4. ¿Por qué sería importante para nosotros aprender a alabar *antes* de que llegue la victoria, mientras todavía estamos en una circunstancia difícil?

DIARIO

PARTE 3

LA DEPRESIÓN

INTRODUCCIÓN

He sido amigo de Tim desde el colegio. (Tim no es su verdadero nombre, aunque sí es una persona real). (Y no, yo no soy Tim. Esta no es una de esas historias en las que al final digo: «¡Sorpresa, soy Tim!»).

Te encantaría si lo conocieras. Todos en su entorno afirman que es uno de los tipos más generosos, amables, positivos y edificantes que jamás conocerás. Si tuvieras una conversación con Tim, pensarías: *¡Vaya! Quiero ser su amigo, ¡es asombroso!*

Después de unos minutos con él, te marcharías sintiéndote mejor acerca de la vida y mejor contigo mismo porque él habría estado totalmente centrado en bendecirte y animarte. Al mismo tiempo, no imaginarías las grandes dificultades que enfrenta. En realidad, es probable que Tim hubiera hecho un gran esfuerzo para salir de la cama esa mañana, pues no tenía deseos de vivir un día más. Entonces, te irías a casa sintiéndote mejor, sin saber que él se fue agotado porque te dio toda su energía, con la sincera esperanza de tener un efecto positivo en ti.

Por fuera, Tim parece feliz a la vista de todos, pero si pudieras ver más allá, descubrirías que se siente desesperanzado, asustado y solo. ¿Por qué? Porque sufre una depresión crónica que lo paraliza y su mente está llena de pensamientos suicidas.

Al describir a Tim, ¿te ves reflejado en él? Como en el caso de mi amigo, es posible que te sientas atrapado en un profundo desaliento difícil de expresar.

Si no es así, probablemente tienes algún ser querido que sí lucha contra la depresión. Según la Organización Mundial de la Salud, aproximadamente 300 millones de personas en el mundo sufren depresión, lo que la convierte en la principal causa de discapacidad a nivel global.[1] Alrededor de 17,3 millones de estadounidenses se ven afectados por la depresión, y el estudio indica que el número aumenta rápidamente, sobre todo entre los adolescentes y los adultos jóvenes.[2]

LA DEPRESIÓN Y LA IGLESIA

Como señalé en el capítulo 1, lo que empeora aún más todo esto es que la iglesia debería ser el lugar más seguro del mundo para hablar de temas delicados como la depresión.

Sin embargo, en algunas comunidades religiosas, con demasiada frecuencia, existe un estigma que hace que las personas que la padecen se sientan culpables, como si estuvieran haciendo algo mal de lo cual avergonzarse.

Algunos líderes cristianos incluso niegan que la depresión sea un fenómeno real o tratan de reducirla a un simple sentimiento de tristeza, como si no fuera gran cosa. Lo contradictorio aquí es que muchos de sus héroes en la fe se vieron agobiados por una depresión persistente.

Es bien conocido que Martín Lutero, quien inició la Reforma protestante, se tambaleó bajo el peso de la depresión.[3]

Charles Spurgeon, un pastor y autor enormemente respetado e influyente, a menudo llamado el príncipe de los predicadores, sufría de una depresión tan debilitante que le resultaba difícil levantarse de la cama cada día. Así escribió: «Conozco por experiencia dolorosísima lo que significa una profunda depresión de espíritu».[4]

Aunque nunca se le diagnosticó oficialmente, se cree que Martin Luther King Jr. padeció depresión toda su vida y, según un perfil de la revista Time, intentó suicidarse dos veces en su juventud.[5]

La Madre Teresa escribió en una ocasión: «[La depresión] me rodea por todas partes; no puedo elevar mi alma a Dios, no entra en mi alma luz ni inspiración [...]. Cielo, qué vacío, ni un solo pensamiento del cielo entra en mi mente, porque no hay esperanza [...]. El lugar de Dios en mi alma está en blanco».[6]

En 1 Reyes 19:4, encontramos al profeta Elías tan deprimido que le pregunta a Dios si no era posible simplemente morir. (Más adelante hablaremos sobre él).

También vemos a David en Salmos 6:3, 6-7: «Muy angustiada está mi alma; ¿hasta cuándo, SEÑOR, hasta cuándo? [...]. Cansado estoy de sollozar. Toda la noche inundo de lágrimas mi cama, ¡mi lecho empapo con mi llanto! Se consumen mis ojos por causa del dolor...». Además, en Salmos 42:3, 10-11 expresa: «Mis lágrimas son mi pan de día y de noche [...]. Mortal agonía me penetra hasta los huesos [...]. ¿Por qué estás tan abatida, alma mía? ¿Por qué estás angustiada? En Dios pondré mi esperanza y lo seguiré alabando. ¡Él es mi salvación y mi Dios!».

Al principio de Salmos 42, se aclara: «Al director musical. Masquil de los hijos de Coré»,[7] lo que indica que era un canto que los israelitas entonaban en la adoración a Dios. La mayoría de los estudiosos consideran que los salmos masquil se utilizaban para la instrucción, para enseñar teología.

¿No hay algo incoherente aquí? Hoy en día, algunas iglesias evitan hablar de la depresión, pero en aquella época se enseñaba y se *cantaba* sobre ella al pueblo de Dios.

Ser completamente franco debía de ser una característica familiar, pues el Libro de Eclesiastés, escrito por Salomón, el hijo de David que lo sucedió como rey, está lleno de versículos como el 2:17: «Aborrecí entonces la vida, pues todo cuanto se hace bajo el sol me resultaba repugnante. Realmente, todo es vanidad; ¡es correr tras el viento!».

Si alguien siente que se ahoga en la depresión y se arma de valor para manifestarlo en la iglesia, es posible que se encuentre con un cristiano equivocado, aunque por lo general bienintencionado, que le diga: «Tienes que soportarlo, no es para tanto. Todos nos sentimos tristes a veces. Así que supéralo. Pon tu fe en Jesús y todo irá bien».

¿Y qué ocurre después?

La persona deprimida suele sentirse desconcertada y tal vez ofendida, y decide, con razón, que no es seguro expresar de forma abierta sus sentimientos, por lo que se retrae aún más y su depresión probablemente se agrava. (Y es probable que abandone la iglesia). Incluso podría adoptar la filosofía de Robin Williams. Después de años de depresión, antes de suicidarse, Williams expresó: «Todo lo que se necesita para esconder un alma herida es una hermosa sonrisa falsa, y nunca se darán cuenta de lo lastimado que realmente estás».[8]

No se puede continuar rehuyendo este tema ni dando respuestas manidas e inadecuadas. La iglesia tiene que convertirse en el lugar más seguro para hablar de los temas más difíciles; un lugar donde todos sepan que serán tratados con amabilidad y ternura (Ef 4:32). Si alguien habla de su depresión, se nos ha exhortado a llorar con los que lloran (Ro 12:15) y a compartir con ellos el consuelo que hemos recibido de Dios (2 Co 1:4-5). En la iglesia, «si uno de los miembros sufre, los demás comparten su sufrimiento» (1 Co 12:26), y hacemos todo lo posible para ayudar a quienes luchan por llevar su carga (Gá 6:2).

3.2

TU LUCHA

¿A qué nos referimos cuando hablamos de depresión?

No es la tristeza que experimentaste cuando tu equipo perdió aquel gran partido.

No es cómo te sentiste cuando esa nueva persona por la que te sentías atraído te dejó plantado.

No es la noche terrible que pasaste después de que tu jefe se portara como un imbécil, y luego, de camino a casa, eligieras la fila lenta del supermercado, y después se te cayera la bolsa y se rompiera un bote de pepinillos en el suelo de la cocina y toda tu casa quedara impregnada de ese olor.

La depresión es:

- Cuando te hundes en la tristeza y no puedes recuperarte.
- Una sensación de desesperanza que determina tu forma de pensar, sentir y actuar.
- Un gran peso que aplasta tu autoestima y tu valía personal.
- Un oscuro laberinto del que sientes que no puedes escapar.
- La incapacidad de encontrar la alegría o de experimentar placer.
- Cuando hay un deterioro en tu capacidad para realizar actividades cotidianas, dormir o levantarte de la cama.

En Salmos 42:11, David se pregunta: «¿Por qué estás tan abatida, alma mía?». Esa es una gran pregunta para aquellos que están lidiando con la depresión. *¿Por qué estoy deprimido?*

Veamos siete causas de la depresión.

1. *Biológicas.* Un desequilibrio bioquímico (problemas con la serotonina, la norepinefrina y la dopamina) puede ser la raíz de la depresión, la cual tiende a ser hereditaria y puede transmitirse genéticamente. Los cambios hormonales,

como los asociados al comienzo de la pubertad o a tener un bebé, también pueden provocar depresión.

2. *Médicas.* Los problemas físicos que requieren tratamiento, como la apnea obstructiva del sueño, la obesidad, la enfermedad tiroidea y el dolor crónico, pueden provocar depresión.

3. *Relacionadas con los hábitos.* La falta de sueño, de ejercicio, una mala alimentación y un consumo insuficiente de calorías pueden afectar tanto el estado de ánimo como los procesos fisiológicos y la bioquímica cerebral que influyen en la aparición e intensidad de la depresión.

4. *Relacionales.* Se puede caer en la depresión debido a problemas en las relaciones interpersonales. Tal vez la persona sufra malos tratos, tenga problemas con un familiar o acabe de pasar por un divorcio doloroso.

5. *Circunstanciales.* La persona podría estar enfrentando una situación que la ha llevado a la depresión, por ejemplo:
   - Perder el trabajo, el fallecimiento de un ser querido o declararse en quiebra.
   - Ser padre de hijos que ya se independizaron, dejar el trabajo o la carrera profesional, y estar en una casa vacía.
   - Tener un trabajo o vivir en una parte del mundo donde falta la luz solar natural diaria, luchar contra la fatiga y los problemas relacionados con el sueño.
   - Haber sufrido un acontecimiento traumático, ya sea años atrás o en la infancia, que ha provocado cambios a largo plazo en la forma en que el cerebro responde al estrés y al miedo.
   - Abuso o mal uso de drogas (ilegales o de prescripción médica), alcohol o productos que contienen nicotina.

6. *Mentales.* La persona puede tener dificultades debido a patrones profundamente arraigados, formas de pensar negativas y poco útiles sobre sí misma, sobre los demás o sobre las circunstancias que la rodean. A veces la depresión es el resultado de la forma en que se ha aprendido a pensar respecto a los problemas de la vida.

7. *Espirituales.* Algunos cristianos argumentan que la guerra espiritual es la única causa de la depresión, mientras que otros niegan que la depresión exista. Sin embargo, ninguno de estos dos enfoques es cierto. Nuestra batalla no es contra la carne y la sangre, y nos atacan fuerzas de las tinieblas, que planean robar, matar y destruir todo lo que le importa a Dios (Ef 6:11-12; Jn 10:10). Y como lo que más le importa a Dios eres tú, a su enemigo espiritual, Satanás, le encantaría encarcelarte en una celda de desesperanza.

Como se muestra en la lista, hay muchas causas potenciales de la depresión, por lo que es importante entender que este problema no hace distinciones y no es igual para todas las personas. También es necesario señalar que se trata de un tema complejo, y aunque he estudiado, investigado y buscado asesoramiento profesional, no soy un experto; por eso invité a Dr. C. a examinar mi escrito y añadir sus conocimientos y puntos de vista.

Si tienes problemas con una depresión persistente, quiero animarte a buscar una ayuda más integral porque *puedes* mejorar; no obstante, quizás no puedas lograrlo solo.

Como pastor, siempre veo todo a través de una lente más espiritual, así que vayamos a la Biblia, donde nos encontramos con Jeremías, que fue un profeta elegido por Dios.

3.3

LA PERSONA QUE HA PRESENCIADO EL SUFRIMIENTO

Dios llamó a Jeremías para que hablara por él y lo representara.

¿Te imaginas lo que eso significa?

Hoy en día, hay unos cinco millones de pastores y sacerdotes cristianos en el mundo,[1] de los cuales unos 470.000 están en Estados Unidos.[2] Esa es una enorme cantidad de personas que habla en nombre de Dios.

Sin embargo, se podría contar con una, o quizás dos manos, el número de profetas que Dios eligió en tiempos de Jeremías.

Entre ese número tan pequeño, Dios lo tenía en gran estima.

Aunque estaba emocionalmente afectado por la depresión.

Jeremías era inamovible en su profunda y devota fe.

No obstante, le resultaba imposible salir de su estado de encierro, oscuridad y desesperación profunda.

Como mencioné en el capítulo 1, llegó a ser conocido como el profeta llorón porque compartía fielmente el mensaje de Dios, pero lo hacía entre lágrimas.

No conocemos la combinación de factores que llevaron a Jeremías a la depresión. Pudo haber sido causada por la biología o por la guerra espiritual. Sin embargo, conocemos al menos una circunstancia que probablemente contribuyó.

Jeremías vivió entre los años 650 y 550 a. C. En el 587 a. C., los babilonios invadieron Jerusalén con gran violencia y destruyeron sin piedad el templo. Salomón había dirigido la construcción del templo unos cuatrocientos años antes, en lo que fue un tributo alucinante y asombroso a Dios, pues era el lugar donde los israelitas creían que habitaba su presencia. Sin embargo, el magnífico templo quedó reducido a escombros, y Jeremías vio de primera mano la devastación y la destrucción. Seguramente fue testigo de cómo los babilonios asesinaron salvajemente a sus seres queridos y se llevaron a sus amigos al cautiverio de por vida. Es probable que se viera agobiado no solo por el inevitable dolor de estos hechos, sino también por una confusión espiritual que le desgarraba el alma y por la sombra del desaliento, pues era incapaz de entender cómo Dios podía permitir que sucediera algo tan horrible.

Me imagino que todo eso puede provocar algo de depresión.

Para tratar de comprender lo que experimentó Jeremías, lo único que puedo hacer es recordar cuando era un joven pastor en una iglesia del centro de Oklahoma City. El 19 de abril de 1995, a las 9:02 a. m., Timothy McVeigh puso una bomba en el Edificio

Federal Alfred P. Murrah, e hirió a 850 personas inocentes y mató a 168 (muchos de los cuales eran niños pequeños). La oficina del gobernador informó que treinta niños quedaron huérfanos, 219 niños perdieron al menos a uno de sus padres, 462 personas se quedaron sin hogar y siete mil personas perdieron su lugar de trabajo. Se produjeron daños materiales en al menos trescientos edificios de un área de cuarenta y ocho manzanas.[3]

El atentado fue impactante y desgarrador. Los socorristas convirtieron el vestíbulo de nuestra iglesia en una morgue improvisada y me advirtieron con firmeza: «Hagas lo que hagas, no mires dentro del vestíbulo». Yo era joven y tonto, así que miré y fue horrible lo que vi. Había muertos por todas partes, algunos ni siquiera estaban enteros, y los niños... mientras viva, nunca olvidaré lo que vi ni cómo afectó a mi alma.

Jeremías vivió la invasión babilónica, en la que se perdieron mucho más que 168 vidas inocentes. Los invasores demolieron el templo construido para honrar a Yahveh, lo cual desmoralizó al pueblo de Dios. Vio cómo asesinaban a familiares y amigos en la flor de la vida, o cómo los llevaban como rehenes para encarcelarlos en una tierra extranjera.

No solo eso, sino que Dios también llamó a Jeremías para que predicara un mensaje de arrepentimiento a los israelitas, y ninguno se arrepintió.

Día tras día, Jeremías compartía fielmente las palabras de Dios, pero ni una sola persona respondía.

Estaba deprimido y escribió sobre ello. Lee y *siente* las palabras de Jeremías.

> Yo soy aquel que ha sufrido la aflicción
>   bajo la vara de su ira.
> Me ha hecho andar en las tinieblas
>   y no en la luz.
> Todo el día, una y otra vez,
>   su mano se ha vuelto contra mí.
>
> Ha hecho que mi carne y mi piel envejezcan;
>   me ha quebrantado los huesos.
> Me ha tendido un cerco
>   de amargura y tribulaciones.
> Me obliga a vivir en las tinieblas,
>   como a los que hace tiempo murieron.
>
> Me tiene encerrado, no puedo escapar;
>   me ha puesto pesadas cadenas.
> Por más que grito y pido ayuda,
>   él rechaza mi oración.
> Cerró mi camino con bloques de piedras;
>   ha torcido mis senderos.

Con piedras me ha quebrado los dientes;
  me ha hecho morder el polvo.
Me ha quitado la paz;
  ya no recuerdo lo que es la dicha.
Y digo: «Me he quedado sin fuerzas
  y sin esperanza en el SEÑOR».

Recuerda que estoy afligido y ando errante,
  que estoy saturado de hiel y amargura.
Recuerdo esto bien
  y por eso me deprimo. (Lm 3:1-9, 16-20)

Jeremías es un profeta de Dios, y está destrozado.
Es fiel, pero no tiene esperanza.
Es devoto y está profundamente deprimido.
Cuando estás deprimido y sientes que no hay nada que puedas hacer, creo que con la ayuda de Dios *sí lo hay*. Aquí tienes tres sugerencias:

- Reconoce tus emociones.
- Acepta que hay esperanza.
- Reconoce que necesitas ayuda.

Reconocer y aceptar pueden parecer aquí una tarea difícil, pero vayamos paso a paso.

3.4

RECONOCE TUS EMOCIONES

Tus emociones son válidas.

Esto es obvio y bien conocido, aunque lamentablemente hace falta enfatizarlo, pues muchos, sobre todo en la iglesia, minimizan los sentimientos. Pueden decirte que tus emociones no tienen importancia o que solo son espejismos, así que deberías ignorarlas. O te preguntan: «¿Cómo puedes estar triste si sabes todo lo que Jesús ha hecho por ti?». Otra persona, que sonríe todo el tiempo, podría decirte: «Enfócate en lo positivo. ¡Ten solo buenos pensamientos!». Algunos no necesitan que otros les digan nada de eso, porque se lo dicen a sí mismos. El término técnico para esta minimización es *invalidación emocional*.

NO TE AVERGÜENCES DE TUS EMOCIONES, SON VÁLIDAS. TIENES DERECHO A SENTIRLAS, A *TODAS*.

No te avergüences de tus emociones, son válidas. Tienes derecho a sentirlas, a *todas*.

En un artículo de *Psychology Today* [Psicología hoy], Jennifer Rollin señala tres motivos fundamentales por los que deberías permitirte sentir tus emociones:

1. Cuando adormeces la tristeza, también adormeces la felicidad y la alegría.
2. Luchar contra tus emociones a menudo genera más sufrimiento.
3. Procesar y experimentar lo que sientes es parte de una vida plena.[1]

Aunque es sensato reconocer tus emociones, te recomiendo tener en cuenta algunas salvedades.

En primer lugar, tus emociones son reales, pero son incompletas.

Puedes sentir que nada va a cambiar, que no tienes esperanza y que a nadie le importas. Esos sentimientos son válidos, pero al mismo tiempo incompletos.

Sin duda puedes recordar algún momento en el que sentiste algo y tus emociones fueron muy reales, pero luego comprendiste que la realidad era mucho más de lo que sentías. Tal vez tus emociones habían nublado tu visión de otras cosas que eran igualmente ciertas.

Por lo tanto, tus emociones son reales, pero incompletas.

En segundo lugar, tus emociones son reales, pero no son permanentes.

Una de las causas por las que tus emociones son incompletas es que, cuando estás deprimido, puede ser muy difícil pensar que las cosas vayan a cambiar. Sin embargo, las cosas cambian, y aunque te sientas desesperanzado en ese momento, con Dios siempre hay esperanza.

Por lo tanto, te animo a que reconozcas tus emociones y a que reconozcas que no son permanentes. Expertos como la doctora Rollin han descubierto que una de las mejores maneras de empezar a cambiar tus emociones es reconociéndolas.

AUNQUE TE SIENTAS DESESPERANZADO EN ESE MOMENTO, CON DIOS SIEMPRE HAY ESPERANZA.

Entonces, aunque sepas que tus emociones no son permanentes, di lo que sientes. En lugar de negarlo, exprésalo. Si te sientes desesperanzado, dilo, «me siento desesperanzado», o «culpable», «traicionado», «insensible», o «tengo miedo» o cualquier otra emoción que experimentes.

Tus sentimientos relacionados con la depresión pueden ser complejos. No obstante, que simplemente los identifiques con un nombre puede ayudar a tu cerebro a darle más sentido a lo que está sucediendo. Un estudio de 2018 determinó que nombrar, hablar y escribir sobre los sentimientos reduce la duración y la intensidad de las emociones desagradables como la tristeza, la desesperación y la desesperanza.[2]

Tal vez etiquetar lo que sientes simplemente como «depresión» no sea lo más beneficioso. Quizás sería más útil identificar las emociones específicas que experimentas, las cuales pueden variar según los desafíos que enfrentes.

Este es uno de los ejercicios que Dr. C. me indicó que hiciera cuando intentaba salir de mi abismo emocional. Sabía que estaba deprimido, pero no me había detenido lo suficiente a pensar qué significaba «deprimido». Me pidió que fuera lo más específico posible al describir lo que sentía; y fue más difícil de lo que esperaba. Como cristiano y pastor, no me sentía del todo cómodo al admitir mis emociones negativas, pues se supone que debo experimentar lo que Gálatas 5 llama el fruto del Espíritu, que incluye la alegría y la paz. Sin embargo, en lugar de alegría, experimentaba tristeza, desesperanza e impotencia, y en lugar de la paz, me sentía intranquilo, tenso y ansioso.

Después de compartir estos sentimientos con Dr. C., me sorprendió que no juzgara mis emociones. Me dijo que entendía por qué me sentía así, y su aceptación me permitió tratarme a mí de la misma manera. Pude reconocer las emociones que sentía, pero ya no parecían tener el mismo control sobre mí; y como podía nombrarlas, sentí que tenía el poder para cambiarlas.

Estudios científicos han demostrado que nombrar las emociones te da poder para cambiarlas.[3] Un estudio realizado con personas que sufrían aracnofobia dividió a los participantes en cuatro grupos. A cada uno de estos grupos se les mostró una tarántula en una jaula. Al primer grupo se le pidió que dijera exactamente lo que sentían en voz alta. (Por ejemplo: «Me da tanto asco que tengo ganas de vomitar»). Cuando el segundo grupo vio la tarántula, se le pidió que expresaran una observación sobre ella. (Por ejemplo: «Es una araña peluda enorme»). Al tercer grupo se le pidió que dijera algo que no tuviera nada que ver con el arácnido. (Por ejemplo: «Me gusta el té de burbujas»). Y al cuarto grupo se le pidió que no dijera nada en absoluto.

A la semana siguiente, todos los participantes volvieron a encontrarse con la tarántula, pero esta vez la araña no estaba en una jaula. Entonces los científicos midieron las reacciones fisiológicas de los participantes: si sudaban, si aumentaba su ritmo cardíaco, ¡si se orinaron del miedo!

¿Qué determinó el estudio?

El primer grupo, al que se pidió que expresara en voz alta sus sentimientos la semana anterior, mostró un comportamiento excepcionalmente mejor. Se sintieron mucho menos nerviosos y muchos incluso tocaron la tarántula.

El estudio determinó lo que ya se había confirmado en otros experimentos: que poner nombre a las emociones abre la puerta para poder cambiarlas.

Tus emociones son válidas. Así que nómbralas.

En este instante, ¿cómo te sientes? ¿Desesperado, triste, solo, impotente, débil? ¿Inadecuado, inferior, destrozado, vulnerable, inútil? ¿Avergonzado? Di lo que sientes.

Tus emociones son válidas, pero no son permanentes, y nombrarlas puede ayudarte a cambiarlas.

Por lo tanto, ya que tus emociones no son permanentes, ¿puedo animarte a que no tomes decisiones permanentes basadas en emociones temporales? ¿Por qué? Porque cuando te sientes mal, y tu evaluación de lo que sucede es incompleta, probablemente no estés en condiciones de tomar decisiones que te beneficien. Así que no tomes una decisión definitiva, de la que luego puedas arrepentirte, a causa de una emoción temporal.

Entonces, cuando te sientas asustado, amenazado y sin esperanza, es posible que tengas ganas de renunciar a tu matrimonio o a Dios. Tal vez quieras rendirte, apartarte de todo el mundo, tomarte una botella de whisky y beber hasta emborracharte. En tus momentos más oscuros, puedes sentir que la vida ya no tiene sentido; y tu enemigo espiritual, que planea robar, matar y destruir, podría susurrarte al oído: «Todo el mundo estaría mejor si no estuvieras aquí».

En ese momento, esa mentira puede parecer verdad, pero nunca lo es. Pues, aunque te cueste creerlo, Dios te ama más de lo que imaginas. Él sabía lo que hacía cuando decidió crearte, y te conocía antes de que te formaras en el vientre de tu madre. Te dio una vida con dones y talentos para que pudieras conocerlo y para que pudieras hacer las buenas obras que planeó para ti incluso antes de que nacieras (Ef 2:10).

Considera las palabras del profeta llorón a los desterrados israelitas en Babilonia: «Porque yo conozco los planes que tengo para ustedes —afirma el SEÑOR—, planes de bienestar y no de calamidad, a fin de darles un futuro y una esperanza» (Jr 29:11). Dios sigue teniendo un propósito divino y un plan específico para tu vida.

Por lo tanto, no tomes una decisión definitiva a causa de una emoción temporal. El ejemplo más triste y aleccionador lo vemos en quienes se han quitado la vida debido a una circunstancia como esta.

Tus emociones son válidas.

No las niegues.

Reconócelas, pero no te dejes dominar por ellas.

3.5

ACEPTA QUE HAY ESPERANZA

Entiendo que puede ser difícil reconocer que hay esperanza. Es como aceptar que existe el ratoncito Pérez: te encantaría creerlo, pero los hechos lo contradicen (sobre todo si has *sido* el ratoncito Pérez varias veces en tu vida).

No obstante, aunque te parezca que no hay esperanza, ¿podrías elegir creer que sí la hay?

En la oscuridad de su aflicción, sintiéndose atrapado y agobiado, Jeremías escribe:

> Pero algo más me viene a la memoria,
>   lo cual me llena de esperanza:
> Por el gran amor del SEÑOR no hemos sido consumidos
>   y su compasión jamás se agota.
> Cada mañana se renuevan sus bondades;
>   ¡muy grande es su fidelidad!
> Me digo a mí mismo:
>   «El SEÑOR es mi herencia.
>   ¡En él esperaré!»
> Bueno es el SEÑOR con quienes esperan en él,
>   con todos los que lo buscan.
> Bueno es esperar calladamente
>   la salvación del SEÑOR. (Lm 3:21-26)

Ten en cuenta que Jeremías no expresa: «Sin embargo, de repente, ¡me siento súper bien!». No, no es eso lo que manifiesta, sino: «Pero algo más me viene a la memoria, lo cual me llena de esperanza». Jeremías decide traer a la mente pensamientos específicos que dan pie a la esperanza.

No tiene ganas.

No obstante, decide hacerlo.

¿Qué decide recordar?

En primer lugar, el gran amor de Dios.

Jeremías busca en lo profundo de su mente y recuerda: «Por el gran amor del Señor no hemos sido consumidos». La palabra traducida como «amor» del texto hebreo es *kjésed*, que aparece en la Biblia 248 veces. Es poderosa y llena de significado, y eso hace que la palabra sea difícil de traducir. Algunos traducen *kjésed* como «fiel amor» o «misericordia». Sin embargo, ninguna de estas traducciones capta su verdadera esencia. Una definición que prefiero es «la devoción inquebrantable de las promesas que Dios nos hace». El tiempo de Dios no es el nuestro, pero debido a su carácter inquebrantable, esas promesas son siempre verdaderas y él nos es fiel.

En segundo lugar, Jeremías recuerda la compasión inagotable de Dios.

«Compasión» es la traducción de la palabra hebrea *rákjam*, que literalmente se refiere al vientre de una madre. Me encanta, porque el vientre de una madre es un lugar seguro de protección, el santuario donde la vida comienza, se nutre y se fortalece. Es en este vientre donde descubrimos que la compasión de Dios se renueva cada mañana, y nunca falla (Lm 3:22-23). La presencia de Dios junto a ti y su gracia para contigo son nuevas cada día. Por lo tanto, él te dará suficiente compasión cada mañana para superar tu dolor.

Jeremías decide recordar todo esto, es una elección voluntaria, la cual le brinda una esperanza renovada.

¿Estás dispuesto a recordar el *kjésed* y el *rákjam* de Dios? ¿Elegirás su santuario de protección para ordenarle a tu alma que ponga su esperanza en él?

Es posible que tu depresión te haya llevado a un punto en el que te es difícil creer en Dios. No estás solo en ello.

Aunque no importa si crees en Dios o no; de cualquier manera, él cree en ti y está listo para ayudarte a superar lo que estás pasando.

Por eso, en la confianza del gran amor y la compasión inagotable de Dios, pídele ayuda *y* busca a personas que crean en ti para que también les pidas ayuda.

3.6

RECONOCE QUE NECESITAS AYUDA

Quiero exhortarte a que reconozcas tus emociones, aceptes que hay esperanza y reconozcas que necesitas ayuda.

Como expresé antes, pedir ayuda no es señal de debilidad, sino de sabiduría, que hace florecer la comunión en tu vida.

Aunque vivamos en un mundo donde la autoayuda se encuentra muy extendida, esta tiene sus límites. La verdad es que no estamos sanos si estamos solos y no sanamos en aislamiento. «Juntos estamos mejor» suena bien, pero más que un eslogan es una poderosa verdad.

Hace miles de años, Dios dio a Salomón sabiduría para compartir con nosotros: «Mejor son dos que uno [...]. Si caen, el uno levanta al otro. ¡Ay del que cae y no tiene quien lo levante! (Ec 4:9-10). Esas palabras se han confirmado reiteradamente en investigaciones recientes que hemos mencionado en este capítulo respecto a la salud mental.

Un estudio de tres años determinó que el aumento de la soledad conduce al aumento de la depresión. La soledad tiene un efecto más poderoso en el incremento de los síntomas depresivos que los factores demográficos, el estado civil, el estrés y la hostilidad que percibe la persona.[1]

No se está sano en soledad.

Tampoco sanas bien en aislamiento.

Un estudio afirma: «El sentimiento de pertenencia y seguridad emocional con la familia, los amigos y las comunidades se construye mediante interacciones reales. Forjar estos vínculos no es una simple pequeña ventaja, sino que brinda beneficios reales. Sentirse bien relacionado con los demás contribuye a la salud mental, al sentido de la vida e incluso al bienestar físico».[2]

Un médico de la Universidad de Stanford señala: «Las personas que se sienten más vinculadas con los demás tienen niveles más bajos de ansiedad y depresión, mayor autoestima y experimentan mayor empatía».[3] En cuanto a las relaciones interpersonales, un centro de tratamiento expresa: «En muchos casos, la depresión puede llevar a las personas a aislarse de la familia y los amigos, lo que en última instancia puede empeorar sus sentimientos de tristeza e impotencia. Intentar establecer vínculos con los demás es crucial para las personas que tienen problemas de depresión».[4]

Es vital reconocer que necesitas la ayuda de otras personas. Puede ser un consejero profesional con el que te reúnas regularmente para obtener una perspectiva diferente y aprender herramientas que te ayuden, un médico que te ayude con medicamentos o un cambio de dieta.

Independientemente de lo que hagas, en verdad animo a que te unas a un grupo pequeño. Otros cristianos pueden convertirse en un grupo de apoyo espiritual que ora por ti y te anima con las verdades de la Palabra de Dios. Sinceramente, no creo que se pueda vencer a las fuerzas de las tinieblas sin personas que estén a tu lado, y te animen y oren por ti. Necesitas experimentar, si aún no lo has hecho, lo poderoso que es tener gente que ora por ti.

Antes mencioné a Martín Lutero, el pionero de la Reforma protestante. En una carta a un amigo, describió uno de sus episodios de intensa depresión: «Pasé más de una semana en la muerte y el infierno. Todo mi cuerpo me dolía, y aún tiemblo. Me sentí completamente abandonado por Cristo, y luché bajo los vaivenes y las tempestades de la desesperación y la blasfemia contra Dios».

¿Qué ayudó a Lutero a superar sus días más oscuros? En la siguiente frase, expresó: «No obstante, a través de las oraciones de los santos, Dios comenzó a tener misericordia de mí y sacó mi alma del infierno».[5]

Lutero señaló que el apoyo y las oraciones de amigos cristianos que lo alentaron habían sido la cuerda que él agarró para que Dios pudiera sacarlo del abismo en que se encontraba. ¿A quién estás sujeto tú? ¿Quién sostiene tu cuerda y de quién es la cuerda a la que te aferras?

Reconoce que necesitas ayuda, no solo de otras personas, sino también de Dios. Eso es lo que hizo Martín Lutero.

En medio de su depresión, Lutero también se disciplinó a meditar sobre la Escritura para encontrar esperanza en Dios. En un momento dado confió y volvió una y otra vez a las palabras de Salmos 46:

> Dios es nuestro refugio y nuestra fortaleza,
>   nuestra segura ayuda en momentos de angustia.
> Por eso, no temeremos
>   aunque se desmorone la tierra
> y las montañas se hundan en el fondo del mar;
>   aunque rujan y se encrespen sus aguas,
> y ante su furia retiemblen los montes [...].
>
> El Señor de los Ejércitos está con nosotros;
>   nuestro refugio es el Dios de Jacob. (vv. 1-3, 7)

Cuando Lutero sintió que su depresión mejoraba, se inspiró en Salmos 46 para escribir un himno con la intención de beneficiar a otras personas, lo tituló «Castillo fuerte es nuestro Dios».[6] Lutero, que sintió la agonía de la depresión, te dice que Dios sigue siendo tu refugio, tu poderoso castillo.

Lo mismo expresaría Charles Spurgeon. ¿Recuerdas al príncipe de los predicadores del siglo diecinueve? Tuvo éxito como pastor, pero durante la mayor parte de su vida se vio afectado por la depresión. Su esposa hablaba del «llanto, los lamentos y una pena indescriptible» y una vez manifestó: «La angustia de mi amado es tan profunda y agresiva que [...] a veces tememos que nunca vuelva a predicar. Era en verdad el valle de sombra de muerte por donde nos movíamos entonces [...] el camino era tan oscuro que a veces, cuando levantábamos el pie para avanzar, ¡no sabíamos dónde o sobre qué debíamos ponerlo!».[7]

¿Qué hacer cuando la vida se vuelve tan oscura? Spurgeon expresó: «He aprendido a besar la ola que me lanza contra la Roca eterna».[8] La ola a la que se refería era su sufrimiento. En Isaías 26:4 se nos dice: «Confíen en el SEÑOR para siempre, porque el SEÑOR, el SEÑOR mismo, es la Roca eterna». Roca eterna es uno de los muchos nombres de Dios, pues revela que es fuerte e inamovible, y es nuestro santuario y seguridad.

> **UNO DE LOS DONES PARADÓJICOS DE LA DEPRESIÓN ES QUE TE LLEVA A UNA DESESPERANZA QUE PUEDE HACERTE VOLVER A DIOS, OBLIGARTE A ESPERAR Y CONFIAR EN ÉL DE UNA MANERA QUE MUCHOS OTROS NUNCA EXPERIMENTARÁN.**

Spurgeon explicaba que, cuando lleguen las olas, no nos limitemos a intentar atravesarlas. En realidad, podemos aprender a besarlas, es decir, a abrazar el sufrimiento, porque reconocemos que puede llevarnos a Dios y permitirnos experimentar su presencia amorosa como nunca antes lo habíamos hecho.

Entiendo que puedes pensar: *Es fácil para ti decirlo, Craig. No sabes por lo que estoy pasando.* Y tienes razón, no lo sé, pero Spurgeon sí. Lee atentamente lo que expresó sobre la angustia en la que vivía:

> Fui arrojado en «aguas para nadar», las cuales, de no ser por la mano sustentadora de Dios, habrían sido aguas para ahogarme. He soportado tribulación bajo muchos azotes. Un agudo dolor físico sucedió a la depresión mental, y esto se vio acompañado tanto por el duelo, como por la aflicción en la persona de alguien tan querido para mí como la vida misma. Las aguas rugieron contra mí sin cesar.
>
> No menciono esto para buscar compasión, sino simplemente para que los lectores vean que no soy un marinero de aguas mansas. He atravesado esos océanos [...]. Conozco el vaivén de las olas y las ráfagas de los vientos. Las promesas de Jehová jamás habían sido para mí tan valiosas. Algunas de ellas no las entendí verdaderamente hasta ahora.[9]

Amigos cercanos que luchan contra la depresión también han expresado este sentimiento. Me explican que uno de los dones paradójicos de la depresión es que te lleva a una desesperanza que puede hacerte volver a Dios, obligarte a esperar y confiar en él de una manera que muchos otros nunca experimentarán.

David, cuya experiencia con la depresión ya hemos documentado, escribe:

> Puse en el Señor toda mi esperanza;
> > él se inclinó hacia mí y escuchó mi clamor.
> Me sacó de la fosa fatal,
> > del lodo y del pantano;
> puso mis pies sobre una roca,
> > y me plantó en terreno firme.
> Puso en mis labios un cántico nuevo,
> > un himno de alabanza a nuestro Dios.
> Al ver esto, muchos tuvieron miedo
> > y pusieron su confianza en el Señor.
>
> Dichoso quien
> > pone su confianza en el Señor... (Sal 40:1-4)

Estar atrapado en el lodo viscoso de un pozo obligó a David a esperar en Dios y clamar por su ayuda, y luego experimentó la liberación cuando Dios lo sacó a la seguridad.

Así que reconoce que necesitas ayuda y clama al Dios que te ama, pues él ya te está tendiendo la mano en este momento.

3.7

ENCUENTRA LA LUZ EN
LA OSCURIDAD

Hemos hablado de algunos recursos espirituales para aliviar la depresión y recuperar la paz de la presencia de Dios. A continuación, profundicemos un poco más en estas ideas. Jennifer Antonucci, terapeuta especializada en ayudar a las personas a encontrar luz en la oscuridad de la depresión, recomienda lo siguiente:

1. *Llevar un diario de gratitud.* Cuando estás deprimido es fácil olvidar las cosas buenas que pasan en tu vida. Un diario de gratitud es una herramienta poderosa para recordarte que no todo en la vida es terrible y que Dios es fiel y bueno, aunque por momentos tú no lo sientas así.

2. *Sustitución de pensamientos.* Parte de la trampa de la depresión es la espiral descendente de ideas y patrones de pensamiento negativos. Debemos entrenar nuestro cerebro para que deje de pensar en cosas negativas, inútiles y desalentadoras. Lo importante aquí es frenar los pensamientos negativos que te surjan y reemplazarlos por pensamientos positivos. (Para más información al respecto, consulta el capítulo 1 de mi libro *Gana la guerra en tu mente*). Por ejemplo, en lugar de decirte una y otra vez: *Soy tan estúpido*, piensa que Dios te dotó de una mente sana que puedes utilizar para él y para los demás. El psiquiatra Daniel Amen identifica a estos pensamientos negativos como pensamientos automáticos negativos (PNA o ANTs, por sus siglas en inglés). Entonces, sustitúyelos por verdades positivas sobre ti mismo.[1]

3. *Crea.* Usa tus talentos, como dibujar, hornear, construir o escribir. Te sorprenderá cómo usar los dones que Dios te ha dado para crear (como lo hace tu creador) puede devolverte la alegría y la paz que te faltan.

4. *Escribe un diario.* En los Salmos, básicamente estamos leyendo los diarios de David y de Asaf. La diferencia entre escribir en un diario y llevar un diario de gratitud es que, al escribir en un diario, pones por escrito tus pensamientos

más íntimos y nombras tus emociones, y ambas cosas pueden ser útiles y sanadoras.

5. *Períodos de acción de diez minutos.* Las personas con depresión tienden a sentirse abrumadas y paralizadas. Pueden pensar: *Esta casa es un desastre, tengo que levantarme y limpiar.* Sin embargo, la depresión las aplasta y acaban atrapadas en la inacción. En lugar de eso, programa en tu temporizador un período de actividad de diez minutos y sé productivo durante ese breve período. Una vez que suene el temporizador, puedes volver al sofá o a la cama si aún te apetece. No obstante, puedes conseguir mucho en diez minutos, y la sensación de haber logrado algo y el orgullo que sentirás son beneficiosos para tu salud mental en general. Esta práctica puede ayudarte a avanzar paso a paso y a pelear la batalla del «es todo o nada».

6. *Externaliza tu depresión.* Distánciate de ella, tú no eres la depresión, sino la persona que la sufre. Si puedes separar quién eres de lo que sientes, lo que sientes puede empezar a cambiar.

Considera poner en práctica una o más de estas ideas, sin embargo, hagas lo que hagas, busca ante todo a Dios. La depresión puede hacer que clames a él; habla con él, escríbele, incluso grítale. La clave es ser sincero. Sentir que Dios está en silencio no significa que esté ausente. Por lo tanto, llámalo cuando sientas que tu vida está oscura. Jesús nos prometió en Juan 8:12: «Yo soy la luz del mundo. El que me sigue no andará en oscuridad, sino que tendrá la luz de la vida».

NO TE RINDAS

¿Recuerdas a mi amigo Tim, quien sufría de una profunda depresión, una desesperanza constante y pensamientos suicidas recurrentes?

Siempre tenía el gran temor de que se quitara la vida y no volverlo a ver. Incontables veces oré por él cuando nos separábamos y me preguntaba si lograría pasar la noche.

Eso es lo que admiro de Tim: nunca se rindió cuando *quería* rendirse. Cuando todo en él gritaba que debía hacerlo, nunca se rindió.

Asistió a terapia y eso lo ayudó en algo.

Probó diferentes medicamentos y finalmente encontró uno que parecía ayudarlo un poco.

Cambió su dieta y empezó a hacer ejercicio, lo cual también le sirvió de ayuda.

Se convirtió en un guerrero de la oración, y buscó y confió en Jesús de una manera que solo las personas desesperadas lo hacen. Tim afirma que eso lo ayudó mucho.

Se unió a un pequeño grupo en nuestra iglesia y pronto comenzó a liderar un nuevo grupo, lo que también le fue de ayuda.

Se esforzó por renovar su mente con nuevos pensamientos, pensamientos de Dios, y eso también lo ayudó.

Hoy, Tim te dirá que luego de décadas de no rendirse la depresión por fin ha desaparecido, es libre de ella.

Si enfrentas la misma batalla que enfrentó Tim, probablemente esto te parezca imposible hoy; como si fuera un cuento de hadas.

Y entiendo que te sientas así, pues eso es exactamente lo que experimentaba mi amigo Tim.

Le pregunté qué debía decirte, a ti como lector, y sus palabras me ayudaron a darle forma a este capítulo. Tim expresó:

Tus emociones son válidas, pero no son permanentes.

Tu situación puede parecer desesperada, pero con Dios, siempre hay esperanza.

> Le pido a Dios, fuente de esperanza, que los llene completamente de alegría y paz, porque confían en él. Entonces rebosarán de una esperanza segura mediante el poder del Espíritu Santo. (Ro 15:13, NTV)

REFLEXIONES DE DR. C.

Es importante recordar que puedes estar experimentando depresión, pero que la depresión no te define. Al igual que con la ansiedad, muchas personas, incluso cristianos bien intencionados, malinterpretan la depresión.

La depresión puede describirse como un estado emocional de desesperación, soledad y desesperanza en respuesta a problemas reales o imaginarios. Casi siempre incluye un estado mental negativo persistente, en el que uno se ve a sí mismo, a los demás y al mundo que lo rodea como algo inherentemente negativo. Esta espiral emocional descendente suele ir acompañada de sentimientos de culpa, vergüenza, soledad, arrepentimiento o pérdida.

En un momento dado, casi uno de cada cinco adultos experimenta síntomas de depresión.[1] La depresión no discrimina: afecta a personas de todas las edades, razas, géneros y religiones; afecta tanto a ricos como a pobres y es una afección que cualquiera puede padecer, pero no todos podrán superar por sí solos. Para algunos, la depresión es temporal; para otros, puede ser una lucha de por vida.

La depresión no es señal de falta de fe en Cristo. Más bien, es un problema relativamente común en seres humanos imperfectos que viven en un mundo imperfecto y dañado. A menudo, la depresión es una respuesta temporal y natural ante factores estresantes comunes, como la muerte de un hijo, el cónyuge o un padre; o la pérdida de un trabajo o un hogar. Sin embargo, si no se trata adecuadamente, puede convertirse en una afección crónica en la que la mente se enfoca de manera constante y obsesiva en lo negativo, lo cual nubla la claridad de pensamiento. La depresión también puede desencadenar luchas internas que derivan en alguna forma de autodestrucción, como el abuso del alcohol y las drogas, el delito, la violencia doméstica, las relaciones disfuncionales y fallidas e incluso el suicidio.

Muchos cristianos no comprenden que la mayoría de las personas experimentan la depresión de forma continua. En ocasiones, la depresión puede ser leve y apenas perceptible; otras veces, puede ser severa y tan solo levantarse de la cama se convierte en un problema. Sin embargo, incluso en sus peores momentos, es posible ocultarla de los demás, como ocurría con Tim, el amigo de Craig. Su depresión no siempre era evidente, ni siquiera para sus amigos más cercanos. Así sucede con muchos que aparentan una vida feliz, publican fotos en las redes sociales de una «vida perfecta», asisten a la iglesia y sonríen junto a amigos y familiares, todo mientras sufren en una prisión interna y sin esperanza.

Como explicó Craig, la depresión puede deberse a factores que no puedes controlar. No obstante, para combatirla, debes identificar y abordar activamente aquellas áreas que sí puedes controlar.

El uso de la medicación antidepresiva ha ido en constante aumento y puede ayudar a estimular procesos bioquímicos en el cerebro (como la serotonina, la dopamina o la norepinefrina) relacionados con la depresión. Por otro lado, aunque una píldora o una planta pueden ayudar a controlar los síntomas, no pueden curar la depresión.[2] «Incluso con la ayuda de medicamentos que influyen en neurotransmisores específicos del cerebro, la depresión es una enfermedad muy compleja de tratar».[3] Lo que es un tratamiento eficaz para una persona puede no funcionar para otra. Algo que ha funcionado bien para alguien en el pasado puede perder eficacia con el tiempo. La depresión no es una enfermedad que pueda desaparecer sin que se hagan cambios continuos en la forma de pensar y de afrontarla.

DALE ALIENTO A TU CORAZÓN

No existe una solución rápida para la depresión. Sin embargo, la ciencia del comportamiento nos muestra que hay muchas maneras eficaces de controlarla, y tu estrategia debe incluir más de un método para ello. Por ejemplo, quienes solo dependen de la medicación tendrán más dificultades para controlar los síntomas que los que también mejoran sus hábitos de salud (dieta, ejercicio, sueño) y aprenden formas nuevas y saludables de pensar y responder a los factores estresantes.

Además de las estrategias de Craig de nombrar, hablar y escribir sobre los sentimientos relacionados con la depresión, también puedes utilizar una estrategia para «darte aliento» a ti mismo. Este enfoque está diseñado para romper el patrón dominante de emociones y pensamientos negativos que caracteriza a la depresión. El término *darte aliento* se refiere a eliminar el desánimo y la desesperación con valor y celo. Estas técnicas forman parte de una estrategia global que ha ayudado a personas comunes a superar momentos extraordinarios de desesperación, y son la base de muchas técnicas fundamentadas en la ciencia del comportamiento.

Veamos este enfoque con más detalle.

1. *Contemplar.* La depresión en parte tiene sus raíces en una espiral negativa de pensamientos y patrones de pensamiento poco saludables. Por lo tanto, debes limpiar, recodificar y entrenar tu cerebro para frenar esos patrones de pensamiento negativos, inútiles y desalentadores. Al igual que la estrategia de «reflexionar bajo presión» del capítulo anterior y el concepto de «sustitución de pensamientos» de este capítulo, el objetivo es identificar los pensamientos negativos, dañinos y que a menudo te desvalorizan, junto a errores de pensamiento (ver Apéndice), y sustituirlos por pensamientos auténticos, realistas e inspiradores (GRIT, por sus siglas en inglés).

2. *Agradecer.* Cuando te sientes desesperanzado, es fácil olvidar que todavía hay aspectos de tu vida por los que puedes estar agradecido. Al igual que el

diario de gratitud del que hablamos antes, agradecer implica buscar entre el barro de tu vida para encontrar diamantes. Por ejemplo, Mary es una mujer de cuarenta años que conocí como paciente en el hospital. Por desgracia, se encontraba paralizada de la cintura hacia abajo y en su brazo izquierdo debido a la esclerosis múltiple. Sus problemas comenzaron a los veinte años y poco a poco su cuerpo se fue deteriorando. Solo podía mover el brazo derecho y se veía obligada a depender de otros para que la cambiaran, la bañaran y la alimentaran. Además de la limitación de sus movimientos, había pasado su vida adulta conectada a un respirador artificial para evitar morir asfixiada. Estaba atrapada en un cuerpo discapacitado y dependía de los demás para sus necesidades básicas. Nunca volvería a andar, ni siquiera podría limpiarse la cara o sentarse por sí misma, y nunca volvería a abrazar a sus hijos.

Sin embargo, Mary siempre encontraba la manera de estar agradecida. Tenía una fe extraordinaria en Cristo y, a través de él, encontró formas de experimentar la gratitud al centrarse en las partes positivas de su vida. Y gracias a esa gratitud, halló libertad mental y momentos de alegría en circunstancias extraordinarias que destruirían y aplastarían a casi cualquier persona. Por ejemplo, estaba agradecida a su esposo, que la visitaba en la habitación del hospital todos los días después del trabajo para leerle y pasar tiempo con ella. Día tras día, la miraba con admiración y amor mientras le leía un libro o simplemente le sostenía la mano. Mary experimentó el verdadero amor y, con gratitud, se centró en lo que tenía y no en lo que había perdido. Al hacerlo, desarrolló pensamientos auténticos, realistas e inspiradores. Su ejemplo motivó a otros a darle gloria a Dios y a ser agradecidos en medio de las adversidades. Por lo tanto, no solo desarrolló pensamientos auténticos, realistas e inspiradores para buscar entre el barro de su vida y encontrar diamantes, sino que ella misma también se convirtió en un diamante.

3. *Tener una vocación*. Uno de los aspectos de la depresión es un profundo sentimiento de desesperanza, soledad e inutilidad, que puede llevar a la sensación de carecer de propósito o significado en la vida. Por eso es importante encontrar una vocación, que aporte sentido a tu vida. Una vocación puede motivarte a aprender de los acontecimientos negativos y a reinterpretarlos de modo que te sirvan como guía. Tu vocación también te permitirá ver cómo puedes influir en los demás. Cuando vives según el propósito para el que fuiste creado y de una manera que bendice a los demás, puedes experimentar menos depresión y más satisfacción y alegría.

4. *Crear*. Algunas de las más grandes obras de arte, música, poesía y arquitectura, así como importantes descubrimientos científicos, se deben a personas que sufrían depresión y que, a pesar de ello, encontraron la manera de expresar su talento. Por ejemplo, las pinturas y las esculturas de Miguel Ángel se consideran entre las mejores del mundo. Sobre todo, sus detalladas e inspiradoras pinturas de Dios y de escenas bíblicas en el techo de la Capilla Sixtina y su escultura en mármol del *David*. Solía tardar varios años en completar sus obras.

Sin embargo, lo que muchos no saben es que sufría depresión y ansiedad, y que a menudo tenía una opinión negativa de sí mismo y de su obra. A pesar de ello, utilizó el talento que Dios le había dado para crear obras de arte que siguen inspirando a la gente en la actualidad. Por lo tanto, si cada día dedicas algún tiempo a poner en práctica tus talentos, esto te ayudará a sentirte realizado. Tus objetivos diarios pueden ser pequeños, pero emplear constantemente el talento propio hace que una persona común y corriente pueda crear y lograr cosas extraordinarias.

SEÑALES PARA HACER AJUSTES

Mi trabajo con Craig no tuvo nada de mágico. Además de ayudarlo a identificar y expresar sus sentimientos sin ser juzgado, lo acompañé en el proceso de comprender que podía superar los momentos de desesperación mediante formas de pensar positivas y realistas que le permitieran solucionar los problemas a los que se enfrentaba.

Según mi experiencia, algunos de los períodos más poderosos y transformadores en la vida de las personas no ocurren cuando se sienten llenas de alegría, sino cuando están de rodillas, desesperadas e impotentes. En esos momentos, es importante mirar hacia Dios en busca de ayuda, y también hacia dentro, hacia uno mismo, para encontrar formas sanas y adaptables de pensar y responder.

La depresión no tiene por qué aplastarte ni dominarte. Al igual que la ansiedad, sentimientos como la desesperación, la soledad y la impotencia son simplemente señales que te indican la necesidad de hacer ajustes en tu forma de pensar y responder a los problemas que enfrentas en la vida. Además, el sufrimiento en momentos de desesperación, mientras encuentras formas nuevas y saludables de sobrellevarlo y darte aliento (contemplar, agradecer, tener una vocación y crear) puede acercarte a ser la mejor versión de ti mismo que Dios concibió.

PREGUNTAS PARA REFLEXIONAR

1. ¿Cómo calificarías tu depresión en una escala del uno al diez? Donde «uno» equivaldría a un episodio ocasional y «diez» a una depresión como la de mi amigo Tim, que la padecía constantemente hasta el punto de tener pensamientos suicidas. Explica la elección de tu número.
2. De las siete causas de la depresión (biológicas, médicas, relacionadas con los hábitos, relacionales, circunstanciales, mentales y espirituales), ¿cuáles son las que más influyen en ti y por qué?
3. ¿Cómo se relaciona tu propia situación con mis afirmaciones: «Tus emociones son reales pero incompletas» y «tus emociones son reales, pero no son permanentes»?
4. ¿Qué paso podrías dar hoy para salir del aislamiento y establecer vínculos más estrechos con los demás?

DIARIO

PARTE 4

LA NEGATIVIDAD

INTRODUCCIÓN

Tú eres la persona que más influye en tu vida.

¿Por qué?

Porque hablas contigo mismo más que con cualquier otra persona.

¡Cuidado!

¿Por qué «cuidado»?

Porque lo que te dices a ti mismo no siempre es bueno.

Por supuesto, están las cosas normales que te dices a ti mismo, como *no te olvides de la leche, no te olvides del celular* y *no te olvides de los niños*. Olvidarse de los niños es grave, definitivamente: *recuerda los niños*.

Sin embargo, no me refiero a ese tipo de conversación interior.

Lo que no es útil, y puede ser perjudicial, es cuando nuestro diálogo interior se vuelve negativo, sobre todo cuando quedamos atrapados en un círculo vicioso de negatividad.

En mi camino de regreso a la salud mental, además de mi ansiedad tuve que enfrentarme a los pensamientos negativos. Debido a mi horario y carga de trabajo, quedé atrapado en un círculo vicioso diario en el que me despertaba por la mañana y pensaba:

- *Tengo demasiado que hacer hoy.*
- *No hay manera de que lo haga todo.*
- *Me voy a atrasar demasiado.*
- *No tengo lo que hace falta para hacerle frente a esto.*
- *Sin duda fracasaré, como siempre.*

A menudo, cuando conducía de regreso a casa, mi mente parecía bloqueada con pensamientos negativos: *No he hecho lo suficiente, cada vez me atraso más. Mañana va a ser más complicado, y el día siguiente será aún peor.*

Así era yo. Tal vez en tu caso, mientras conduces al trabajo, no pienses: *Dios bendiga a todos estos conductores. Puede que no sean los mejores, ¡pero seguramente tratan de serlo!* Sino: *¡A donde quiera que voy, estoy rodeado de idiotas!*

Cuando piensas en el dinero, tu pensamiento negativo puede ser: *Nunca saldré adelante, siempre voy a tener problemas económicos.*

En cuanto a las relaciones interpersonales, te dices: *No puedo confiar en nadie. Debería mantener a raya a todos antes de que me hagan daño. Al final, todo el mundo me decepcionará.*

¿Qué te dices cuando haces algo mal?: *Soy un idiota, soy patético, siempre lo estropeo todo. ¿Por qué no puedo hacer nada bien?*

Entonces, ¿qué te dices cuando hablas contigo mismo?

TUS PENSAMIENTOS INFLUYEN EN TUS CREENCIAS, TUS CREENCIAS TIENEN UN EFECTO EN TUS EMOCIONES Y ESTAS EN TUS ACCIONES.

La respuesta a esta pregunta es más importante de lo que imaginas.

Pues, como se afirma en Proverbios 4:23: «Ante todo, cuida tus pensamientos porque ellos controlan tu vida» (PDT).

Los psicólogos llaman al poder del diálogo interno «principio cognitivo-conductual», que básicamente demuestra que tus pensamientos influyen en tus creencias, tus creencias tienen un efecto en tus emociones y estas en tus acciones.

Mi paráfrasis simplificada (para nosotros, los no psicólogos): tu vida siempre se mueve en la dirección de tus pensamientos más fuertes, ya sean estos positivos o negativos.

Le robé las líneas con las que comencé este capítulo al doctor Paul David Tripp, él afirma:

Nadie influye en tu vida más que tú mismo, porque nadie habla contigo más que tú. Estás en un diálogo interno constante, hablas contigo todo el tiempo, interpretas, organizas y analizas lo que sucede dentro de ti y a tu alrededor [...]. ¿Qué te dices normalmente sobre ti mismo, sobre Dios y tu situación? ¿Fomentan la fe, la esperanza y el valor las palabras que te dices? ¿O estimulan la duda, el desánimo y el miedo? [...]. He aquí la pregunta: ¿qué tan sano, guiado por la fe y centrado en Cristo es el diálogo que tienes contigo mismo todos los días? [...]. ¿Qué tan bien te estás aconsejando a ti mismo?[1]

Lamentablemente, muchos de nosotros nos vemos arrastrados por nuestro propio diálogo interno hacia vidas que detestamos. Sin darnos cuenta, nos condicionamos a esperar siempre lo peor.

Esa es la mala noticia, pero tengo una buena: tus pensamientos tienen un poder increíble. Y tú tienes un poder increíble sobre tus pensamientos.

Permíteme repetirlo para asegurarme de que lo comprendas. Lo pondré en negrita porque es una verdad extremadamente importante que tiene el potencial de cambiar tu vida.

TUS PENSAMIENTOS TIENEN UN PODER INCREÍBLE. TÚ TIENES UN PODER INCREÍBLE SOBRE TUS PENSAMIENTOS.

Sí, tu vida siempre avanza en la dirección de tus pensamientos más fuertes, pero no eres una víctima de esos pensamientos. Con la ayuda de Dios puedes cambiar lo que piensas, y lo que piensas determinará cómo vives.

El apóstol Pablo escribe en Romanos 8:5-6: «Los que viven conforme a la carne fijan la mente en los deseos de la carne; en cambio, los que viven conforme al Espíritu fijan la mente en los deseos del Espíritu. La mente gobernada por la carne es muerte, mientras que la mente que proviene del Espíritu es vida y paz».

Si te encuentras en un estado mental confuso, sin experimentar la paz perfecta que Dios desea para ti, ¿podría ser que tu mente esté enfocada en lo que tu carne (o naturaleza pecaminosa) desea? ¿Es posible que estés dejando que los pensamientos negativos controlen tu mente en lugar del Espíritu Santo?

4.2

ANALICEMOS LA NEGATIVIDAD

¿Estás de acuerdo en que nuestro mundo parece ser cada vez más negativo? No niego que siempre han existido muchos motivos para serlo:

- Impuestos
- Tráfico
- Parientes molestos
- Inflación
- Jefes
- Acosadores
- Tensiones políticas
- Divisiones raciales en nuestro país
- Ese niño, ya sabes, el que te causa estrés
- Dolores de cabeza
- Granos en la cara

Sin duda son bastantes cosas, pero en las últimas dos décadas han aparecido más:

- *Teléfonos inteligentes.* Antes teníamos que esperar a que dieran las noticias para enterarnos de lo que pasaba en el mundo. Ahora llevamos pequeños dispositivos que constantemente nos alimentan de negatividad.
- *Redes sociales.* Así podemos ver las cosas asombrosas que tienen otros y que nosotros no tenemos, y podemos escuchar las palabras ofensivas que dicen otras personas con las que no estamos de acuerdo... ¡solo hay que pulsar un botón!

Y, por si fuera poco, vemos todo esto y podemos añadir:

- Una pandemia global.
- Las máscaras (o no a las máscaras).

- Las vacunas (o no a las vacunas).
- La cultura de la cancelación.
- Los problemas económicos.
- Una proliferación de «Karens» (personas engreídas y quejumbrosas) que parecen estar tomando el control de vecindarios, aparcamientos y centros comerciales con una actitud vengativa.[1]

Hay una gran abundancia de negatividad. Es como si todos los días nos azotara un huracán de sucesos hirientes, hostiles, odiosos y dañinos.

E incluso si no estuviéramos rodeados de tanta negatividad, puede ser fácil, sin que medie una influencia externa, caer en nuestros propios círculos viciosos de fatalidad y pesimismo.

Entonces, ¿qué podemos hacer?

En este capítulo tengo tres objetivos. Quiero ayudarte a:

1. Comprender por qué la negatividad es tan dañina.
2. Identificar en qué áreas tienes más dificultades con la negatividad.
3. Superar la negatividad y disfrutar de la vida y el ministerio que Dios ha preparado para ti.

ESTE ES TU CEREBRO COMO UN VERTEDERO DE DESECHOS TÓXICOS

La negatividad es dañina y se nos da de manera fácil y natural. Nos atrae la negatividad como a un mapache le atrae la basura. Lamentablemente, debido a nuestra naturaleza pecaminosa, nos inclinamos a tener pensamientos autodestructivos. La neurociencia ha descubierto que los sucesos negativos se graban con más facilidad en nuestro cerebro y permanecen allí más tiempo que los positivos; pero eso ya lo sabes, porque:

- Si das una presentación y cinco personas te dicen que estuvo excelente, pero una hace un comentario negativo, ¿en quién te enfocas?
- ¿Qué se difunde más rápido en las redes sociales, algo positivo y útil o algo negativo y perjudicial?
- En una aplicación de noticias, ¿cuáles historias crees que reciben más clics, las negativas o las positivas? (Como se suele decir: «Si sangra, es noticia»).

Todo esto puede hacer que una persona por lo demás sana se incline a una vida miserable de negatividad crónica. Recuerda que Pablo expresó que una mente gobernada por nuestra carne, por el pensamiento natural, pecaminoso, que deja fuera a Dios, es muerte. Si eso suena desalentador, es porque lo es.

Pablo no lo expresó de forma directa, pero está claro que una mente controlada por nuestra carne también está llena de negatividad. A la mayoría de las personas les resulta fácil tener pensamientos negativos y quedar atrapados en ellos. Vi una charla TED que describía un estudio en el que se presentaba un nuevo procedimiento quirúrgico imaginario a dos grupos diferentes de personas.

Al primer grupo le dijeron que la nueva cirugía tenía un 70 % de probabilidad de éxito y luego le preguntaron si consideraban que era un buen procedimiento. La mayoría dijo que sí; un 70 % de probabilidad de éxito les pareció favorable.

Al segundo grupo le explicaron que la nueva cirugía tenía un 30 % de riesgo de no lograr el efecto deseado, y luego le preguntaron si consideraban que era un buen procedimiento. La mayoría del segundo grupo dijo que no, pues un 30 % de probabilidad de fracaso no les parecía aceptable.

Como es obvio, las probabilidades eran las mismas en ambos casos y la diferencia en la respuesta se debió a la forma en que se presentó la información. Puede que esto no sea sorprendente, pero lo que ocurrió a continuación es lo interesante.

Los investigadores volvieron con el primer grupo y le comentaron: «Por cierto, con este procedimiento hay un 30 % de probabilidad de fracaso. ¿Están seguros de que sigue siendo un buen procedimiento?». ¿Se mantuvo firme el criterio del grupo? No. La mayoría cambió de opinión y consideró que no era un buen procedimiento.

Luego se dirigieron al segundo grupo y le explicaron: «Por cierto, hay un 70 % de probabilidad de éxito con esta cirugía. ¿Están seguros de que no es un buen procedimiento?».

Cabría esperar que, al igual que con el otro grupo, resaltar la otra información cambiaría su perspectiva, pero no, no fue así. El segundo grupo mantuvo su valoración negativa de la cirugía.[2]

¿Por qué?

Porque las cosas negativas se graban con más facilidad en nuestro cerebro y permanecen allí más tiempo que las positivas.

Por eso, si no somos cuidadosos, es fácil (e incluso natural) tener pensamientos negativos y quedarnos atascados en ellos.

Desde un punto de vista neurológico, cuando la mayoría de los contenidos que ves en Internet son negativos, al igual que casi todo lo que dicen tus amigos y la mayor parte de lo que te dices a ti mismo, se van creando vías neuronales negativas. Una vez que tienes un pensamiento negativo, te resulta más fácil repetirlo. La negatividad reiterada crea patrones mentales dañinos en los que caes automáticamente.

Así que, cuando algo bueno suceda, siempre habrá un lado negativo. Aunque la vida te vaya genial, sabes que en el fondo es una basura, así que das por hecho que lo bueno no durará y que pronto todo volverá a ir mal; y si haces nuevos y buenos amigos, estás seguro de que acabarán decepcionándote. O sea, caes en un patrón de pensamientos nocivos:

- *¿Por qué ya no puedo contar con nadie?*
- *¿Por qué la vida es tan mala?*
- *¿Por qué no puedo ser feliz?*
- *¿Por qué nunca me pasa nada bueno?*

- *¿Por qué Dios no me ayuda como ayuda a los demás?*

La negatividad se convierte en un hábito, llega a ser tu estado natural, y en lugar de tener salud emocional, te sientes miserable. Los psicólogos y los médicos nos dicen que el pensamiento negativo puede conducir a sentimientos de impotencia y desesperanza, lo que puede dar lugar al estrés crónico, que a su vez altera el equilibrio hormonal del cuerpo, agota las sustancias químicas cerebrales necesarias para la felicidad y afecta el sistema inmunológico.[3]

La falta de salud emocional puede conducir a un deterioro de la salud física. Los médicos advierten que la negatividad prolongada ralentiza la digestión y deprime el sistema inmunológico, lo que explica por qué las personas negativas enferman más a menudo.[4]

Nuestra negatividad pasa de la salud emocional a nuestra salud física, y también se puede trasmitir a otras personas, como un virus. En efecto, la negatividad es contagiosa y se propaga rápidamente de una persona a otra.

¿Te gusta estar rodeado de gente negativa? Voy a responder por ti: no, no te gusta. Es posible que te sientas cómodo con algunos amigos negativos porque han pasado mucho tiempo juntos o porque comparten el hábito de criticarlo todo. No obstante, ¿te *gusta* eso? ¿Te sientes mejor así en la vida, con Dios, con los demás, contigo mismo? No, porque es imposible tener una vida positiva con una mente negativa.

Entonces, si eres una persona negativa, ¿es divertido estar contigo? Voy a responder por las demás personas: por supuesto que no.

Estar cerca de alguien negativo es como estar cerca de una persona con gripe. Podemos sentirnos perfectamente felices, y al acercarnos a esa persona no solo nos exponemos al virus de la negatividad, sino que a menudo también quedamos infectados con lo negativo.

Si la negatividad se ha convertido en tu estado natural, puede que incluso estés influyendo en tus amigos, cónyuge, hijos o compañeros de piso para que también sean negativos.

Si notas de que tienes problemas con la negatividad, como me sucedió a mí, entonces es hora de desintoxicarte. Sin embargo, primero hace falta identificar qué veneno has estado bebiendo.

4.3

IDENTIFICA TU NEGATIVIDAD

No podemos vencer lo que no podemos definir. Para eliminar nuestra negatividad, primero debemos identificarla. Puede que estemos sumidos en un malestar general, pero aun así es probable que haya un tipo específico que se nos dé mejor, y que pueda funcionar como «droga de entrada» para el resto de nuestra negatividad.

Entonces, ¿qué es?

Cuando examiné mi propio pensamiento, encontré varios tipos concretos de negatividad en los que había estado atascado durante años. Una vez que los identifiqué, pude atacarlos con la Palabra de Dios. Desde entonces, Dios ha estado renovando mi mente y he progresado mucho.

Para ser más específico sobre lo que mencioné al principio de este capítulo, gran parte de mi negatividad tenía que ver con mi horario. No importaba lo duro que trabajara, siempre sentía que no podría hacerlo todo. Al final de la semana, me criticaba por no haber dado lo mejor de mí. Luego, al principio de la semana siguiente, como un profeta pesimista, me decía que volvería a fracasar. Mi pensamiento negativo hacía un balance desalentador y derrotista de cada semana, y profetizaba que la siguiente sería igual. El círculo vicioso de negatividad en el que estaba terminó por condicionar mi mente hacia la infelicidad.

Antes de poder cambiar mi modo de pensar, tuve que reconocer que no era saludable, pues si alimentas pensamientos tóxicos durante mucho tiempo, empiezas a creértelos.

¿Sucede así contigo? ¿Luchas constantemente contra pensamientos de autodesprecio, insuficiencia o falta de valía? ¿Sientes que estás atrapado, que eres una víctima y que tu situación nunca podrá cambiar? Si es así, identifiquemos en qué punto tus pensamientos se alejan de la verdad de Dios; pues, recuerda, no vencerás lo que no puedas definir.

Consulté algunos expertos que me explicaron las cuatro categorías principales de negatividad. Mientras las comparto contigo, pídele a Dios que te ayude a identificar la que más te limita.

CINISMO RELACIONAL

El cinismo en las relaciones se manifiesta con una:

- profunda desconfianza hacia las personas;
- sospecha de los motivos de los demás;
- creencia de que cada uno vela por sus propios intereses;
- mentalidad de que la gente se aprovechará de cualquier situación.

¿Cuál es la respuesta del cínico a las siguientes preguntas?

- ¿Quién es en verdad generoso?
- ¿Quién es realmente benevolente?
- ¿En quién se puede creer?
- ¿Quién estará siempre a tu lado?

¿Cuál es su respuesta? Nadie.

Es probable que tu cinismo relacional tenga su origen en el dolor que has experimentado en las relaciones interpersonales. Si te han maltratado, intimidado, traicionado o abandonado, puede ser fácil tomar ese dolor que alguien te causó y juzgar a todos por igual. Eso puede parecer normal, pero no te ayuda. Dios quiere hacer algo sobrenatural en ti para que puedas superar la forma natural en que has respondido al dolor, la traición o el abuso. Dios quiere ayudarte y sanarte.

¿Eres un cínico en tus relaciones?

EL SESGO DE NEGATIVIDAD

Si ves la vida a través del lente de la negatividad, pasas por alto lo bueno y solo ves lo malo. Miras con preocupación las nubes color plata que se acumulan en el horizonte, pues podrían anunciar tormenta, mientras ignoras el camión blindado repleto de plata que ya está en tu puerta.

¿Has visto la serie humorística *Seinfeld*? Una persona con un sesgo de negatividad me recuerda a Jerry, el protagonista, y todas las absurdas razones por las que rompía con sus novias. Salía con una mujer exitosa, atractiva y con una gran personalidad, pero siempre encontraba algo malo en ella. En la serie, Jerry rompía con mujeres por gustarle un anuncio de Dockers, por no probar su tarta, por terminar siempre sus frases, por comer los guisantes de uno en uno, por llevar siempre el mismo vestido y por tener «manos de hombre». No importaba lo perfecta que pareciera la novia, Jerry siempre encontraba un inconveniente. A todas luces, esa es la razón por la que en 180 episodios a lo largo de nueve temporadas tuvo setenta y tres novias diferentes y nunca formalizó una relación.[1]

Tal vez tengas esa visión para encontrar siempre algo negativo en lo positivo.

- Alguien elogia a uno de tus hijos y comentas: «Ah, sí, bueno, déjame contarte...» y luego le informas de uno de los malos hábitos del chico.
- La comida del restaurante estaba excelente, pero te vas frustrado porque el camarero tardó demasiado en traerte la cuenta.
- A todo el mundo le encanta la iglesia a la que asistes porque simplemente no ven los problemas que tú ves.

O puede que siempre esperes lo peor.

- Es tarde, tus hijos no han regresado e inmediatamente piensas: *Sé que tuvieron un accidente.* Has imaginado ese escenario de pesadilla las últimas dieciocho veces que han llegado tarde, y nunca les ha pasado nada, pero sigues esperando lo peor.
- Mandas un mensaje a un amigo y no hay respuesta. Entonces concluyes: *Sabía que estaba enfadado conmigo. Dudo que sigamos siendo amigos.* (O peor aún, mandas el mensaje y ves que tu amigo está escribiendo una respuesta, pero luego esta no llega. Entonces sabes que tu amigo vio tu mensaje y empezó a responder, pero luego prefirió dejarte en visto indefinidamente, en el purgatorio de los mensajes sin respuesta).
- No te sientes seguro ante un examen y empiezas a imaginar situaciones catastróficas: *Me irá mal en el examen y no podré entrar a la universidad. Así que no podré conseguir un trabajo decente y me arruinaré, y entonces nadie me querrá.*

¿Tienes un sesgo de negatividad?

LOS PENSAMIENTOS POLARIZADOS

La siguiente categoría de negatividad son los pensamientos de todo o nada, la visión en blanco y negro. ¿Te parece conocido alguno de estos razonamientos?

- Un hombre te hizo daño, ¡así que todos los hombres son malos!
- Una mujer te mintió, ¡así que todas las mujeres son mentirosas!
- A ningún republicano le importa el pueblo.
- Todo demócrata es un socialista disfrazado.
- Si una persona comete un error, siempre cometerá errores.
- Si alguien es *ese* tipo de cristiano, entonces no es cristiano en absoluto.
- Si no estás de acuerdo con alguien sobre un tema, descartas a esa persona por completo.

- Si a alguien le cuesta entender algo, se debe a que es tonto y nunca podrá entender nada.

Este tipo de pensamiento en extremos está hoy más extendido que nunca.

Tener pensamientos polarizados se considera un error de pensamiento (o distorsión cognitiva) porque la realidad no necesariamente se reduce a blanco o negro; casi siempre se encuentra en puntos intermedios, en los matices de gris.

Las personas con pensamientos polarizados no se dan cuenta de su problema porque están convencidas de tener razón. Lo identifican en los demás, pero son incapaces de verlo en sí mismas. No interpretan esto como una distorsión cognitiva, sino que asumen ser las únicas que siempre aciertan, mientras consideran a los demás equivocados.

¿Tienes pensamientos polarizados?

LA MENTALIDAD DE VÍCTIMA

Puede que tengas una mentalidad de víctima, por lo que tu negatividad adopta la forma de culpar a otros. Constantemente, atribuyes a otras personas la responsabilidad por cómo te sientes y por tu situación en la vida.

¿Me siento mal conmigo mismo? Es por cómo me trata mi cónyuge.

¿Me siento inadecuado? Se debe a la forma en que me crio mi madre.

¿Me han despedido de cuatro trabajos seguidos? Claro que sí: tuve cuatro de los peores jefes del mundo.

¿No puedo mantener una relación estable? Así es, porque lo único que encuentro son personas fracasadas.

¿Y por qué no logro crecer espiritualmente? Porque mi iglesia es demasiado grande y los sermones de mi pastor son demasiado superficiales.

Quienes adoptan una mentalidad de víctima creen que siempre les pasan cosas malas y que la culpa es siempre de los demás; es como una indefensión aprendida. La persona con esta mentalidad asume que no puede cambiar, y, por tanto, considera inútil intentarlo. También queda atrapada en la autocompasión, es incapaz de disfrutar de algo bueno y muestra una hipersensibilidad a la crítica.

¿Se manifiesta tu pensamiento negativo en forma de mentalidad de víctima?

4.4

ME ORDENO A MÍ MISMO

L a negatividad está en nosotros, permea nuestro entorno, nos roba la alegría y nos aleja sutilmente de las cosas buenas que Dios nos reserva.

Entonces, ¿hay algo que podamos hacer?

Por supuesto, y no es lo que oyes decir por ahí: «Cuenta hasta diez»; «Tararea una canción bonita»; «No te preocupes, sé feliz» o «Date un gusto y cómete un chocolate». Dios nos ha dado directamente de su Palabra una manera poderosa de responder a la negatividad; pero te lo diré sin rodeos: no será fácil. Cuanto más tiempo hayas creído las mentiras del diablo, más trabajo te costará abrazar la verdad de Dios.

Comencemos por referirnos a uno de los peores días en la vida de David. Un día en que la negatividad lo consumió por completo.

Antes de convertirse en rey de Israel, David fue un líder militar. Un día, al regresar a casa de la batalla, David y sus hombres encontraron que el enemigo había pasado antes por allí. «Cuando David y sus hombres llegaron, encontraron que la ciudad había sido quemada y que sus esposas, hijos e hijas habían sido llevados cautivos. David y los que estaban con él se pusieron a llorar y a gritar hasta quedarse sin fuerzas» (1 S 30:3-4).

Ese sí fue un mal día.

Habían perdido todo lo que poseían. Peor aún, sus esposas e hijos, los amores de su vida, habían desaparecido.

¿Recuerdas el día en que sufriste tu mayor pérdida? Soportaste la conmoción y el dolor de lo que sucedía a tu alrededor, pero también sufriste una intensa agitación en tu *interior*.

Entonces, si hubieras sido David, ¿qué habrías hecho?

Espera antes de responder, porque su situación se tornó mucho peor. «David se angustió, pues la tropa hablaba de apedrearlo; y es que todos se sentían amargados por la pérdida de sus hijos e hijas» (v. 6).

Sus propios hombres, esos guerreros leales que él había liderado valientemente en la batalla, se volvieron contra él, lo culparon erróneamente de lo sucedido y conspiraron para matarlo.

Eso ya es *mucho más* que un mal día.

Es uno de los peores momentos de David. Todo lo positivo en su vida había colapsado. Había perdido el hogar que construyó, la familia que amaba y la confianza de los hombres que dirigía.

Espero que nunca hayas tenido un día como el de David, aunque seguramente sí has enfrentado días aciagos. Tal vez cometiste un error garrafal y te defraudaste a ti mismo, a tus seres queridos e incluso a Dios. O te descubrieron en una mentira y sentiste que tu mundo se venía abajo. O llegaste al límite de tus fuerzas y sentiste el temor de no poder continuar.

¿Qué hiciste entonces?

¿Cómo impedimos que todo lo negativo que nos rodea envenene nuestro interior? ¿Cómo evitamos que se active nuestro reflejo de negatividad? ¿Cómo controlamos las oleadas de pánico?

Hacemos lo que hizo David.

«Pero David se fortaleció en el Señor su Dios» (v. 6, nbla).

En lugar de ahogarse en un torrente de negatividad, David encontró fortaleza en el Señor.

Me gusta cómo lo traduce la Nueva Versión Internacional: «Pero cobró ánimo y puso su confianza en el Señor su Dios».

Ten en cuenta las cosas que David no hizo:

- No publicó en Facebook: «Amigos, estoy teniendo el peor día de mi vida. No van a creer esto».
- No echó mano a su cristal curativo.
- No buscó en lo profundo de su corazón para encontrar su fuerza interior.
- No adoptó su posición de yoga más relajante.
- No publicó una foto de sus soldados en Instagram con el pie de foto: «Cuando tus amigos están a punto de matarte. #NoEsMiDía».

David no hizo lo que muchos de nosotros hacemos. En cambio, se fortaleció en el Señor su Dios.

4.5

ME HABLO A MÍ MISMO

Cuando las cosas van mal, cuando se nublan tus pensamientos, cuando no sabes qué hacer, ¿te diriges a Dios y clamas a él? ¿Sabes cómo fortalecerte en el Señor, tu Dios?

Eso nos lleva a una pregunta: ¿qué hizo David para fortalecerse en Dios?

No lo sabemos, en esta historia en particular no tenemos todos los detalles.

No obstante, sabemos lo que David hizo muchas veces cuando se vio en situaciones difíciles y en peligro de que sus pensamientos se nublaran. Es bastante probable que esto sea lo que hizo en un momento terriblemente negativo como ese.

Escuchemos:

> Alaba, alma mía, al Señor;
> alabe todo mi ser su santo nombre.
> Alaba, alma mía, al Señor
> y no olvides ninguno de sus beneficios.
> Él perdona todos tus pecados
> y sana todas tus dolencias;
> él rescata tu vida del sepulcro
> y te corona de gran amor y misericordia;
> él colma de bienes
> y tu juventud se renueva como el águila. (Sal 103:1-5)

Esta vez, David no se dirige a Dios, sino a sí mismo.

Hablar contigo mismo tiene mucho poder. Como hemos visto, puede ser muy negativo, pero también puedes decidir hablarte de una manera poderosamente positiva. Cada vez hay más estudios que demuestran que hablar con uno mismo (sobre todo en voz alta y en tercera persona) es poderoso y eficaz.[1]

David no se hablaba a sí mismo debido a ninguno de estos estudios, simplemente sabía que, para fortalecerse en el Señor, tenía que reemplazar sus continuos pensamientos negativos con pensamientos positivos de Dios.

Así que David se ordenó a sí mismo alabar a Dios, ordenó a su alma que recordara todas las cosas que Dios había hecho por él. Me imagino a David diciéndose a sí mismo: *Alaba a Dios, David. No olvides que él te ungió como rey, te eligió, te apartó, te libró del león y del oso y te dio el valor para enfrentarte a Goliat. Él te dio la victoria ese día. Si lo hizo entonces, sabes que puede hacerlo de nuevo. Recuerda, el Señor es tu pastor, no pasarás necesidad. Él te conduce junto a aguas tranquilas y calma tu alma. Aunque camines por valles tenebrosos, no debes tener miedo. Porque Dios está contigo, nunca te dejará, nunca te abandonará. Vamos, alma mía, ¡alábalo ahora mismo!*

David comprendió el poder de un diálogo interno positivo y lleno de fe. Recuerda:

- Tus pensamientos tienen un poder asombroso.
- Y tú tienes un poder asombroso sobre tus pensamientos.
- No eres víctima de lo que piensas.

Tus pensamientos no son simples reacciones a tus circunstancias; puedes elegir lo que piensas. Por eso el apóstol Pablo insiste: «Por último, hermanos, consideren bien todo lo verdadero, todo lo respetable, todo lo justo, todo lo puro, todo lo amable, todo lo digno de admiración, en fin, todo lo que sea excelente o merezca elogio» (Fil 4:8).

Elegimos lo que pensamos, y con la ayuda de Dios, reemplazaremos nuestros pensamientos negativos con pensamientos de Dios.

¿Qué tipo de pensamientos de Dios?

David se recuerda a sí mismo quién es Dios.

Como en Salmos 103:8: «El Señor es compasivo y misericordioso, lento para la ira y grande en amor».

También se recuerda a sí mismo lo que Dios ha hecho.

En los versículos 3-6, David se recuerda que Dios:

- «perdona todos tus pecados»;
- «sana todas tus dolencias» ;
- «rescata tu vida del sepulcro»;
- «te corona de gran amor y misericordia»;
- «te colma de bienes»;
- «hace justicia y defiende a todos los oprimidos».

David sustituye sus pensamientos negativos por pensamientos de Dios.

Cuando leíste el versículo 8, puede que te resultara familiar: «El Señor es compasivo y misericordioso, lento para la ira y grande en amor». Tal vez porque ya habías leído Salmos 103.

O puede que hayas leído Salmos 86, que también escribió David: «Pero tú, Señor, eres Dios compasivo y misericordioso, lento para la ira y grande en amor y fidelidad» (v. 15).

O quizás porque has leído Salmos 145, donde escribió: «El Señor es misericordioso y compasivo, lento para la ira y grande en amor» (v. 8).

¡Vaya, David repetía esto mucho! Casi parece un mantra personal. Los psicólogos deportivos hablan del diálogo interno y del poder de tener un mantra personal que el atleta se repita con regularidad: frases como «Tú puedes», «Este es el momento» o «Para eso has venido».[2] Muchos de tus atletas profesionales favoritos repiten un mantra positivo cuando entrenan y compiten. Al parecer, David lo descubrió antes de que se demostrara su eficacia en el deporte de alto rendimiento.

¿Acaso David inventó esta frase sobre Dios? Para nada: es un versículo bíblico que se escribió mucho antes de que él naciera. En Éxodo, Dios se describe a sí mismo ante Moisés con estas palabras: «... —El SEÑOR, el SEÑOR, Dios compasivo y misericordioso, lento para la ira y grande en amor y fidelidad» (Éx 34:6).

Es evidente que David había reflexionado sobre ese versículo. ¡Tanto que lo había *memorizado*! Y cuando sus pensamientos se desviaban hacia lo negativo, hablaba consigo mismo y reemplazaba los pensamientos negativos con pensamientos de Dios; recordaba lo que sabía que era verdad.

4.6

RUMIO

David utilizó una poderosa herramienta espiritual que puede ayudarnos a cobrar ánimo y superar la negatividad. Actuó como una vaca.

Sí, una vaca.

A lo largo de la Biblia, Dios nos dice que meditemos sobre quién es él y sobre lo que ha hecho.[1] La palabra que se traduce como *meditar* es la misma que se usa para *rumiar*. ¿Qué es rumiar? Es lo que hacen las vacas con su bolo alimenticio. (Lo siento, pero la explicación va a resultar desagradable).

Las vacas toman un bocado de hierba, lo mastican, lo tragan, lo vuelven a subir a la boca, lo mastican un poco más, lo tragan de nuevo, lo vuelven a subir a la boca, lo mastican un poco más, lo vuelven a tragar. Y esto lo hacen una y otra vez. Este proceso se denomina rumiar, una palabra que también tiene el sentido de *meditar*.

En Salmos 1:1-2, leemos: «Dichoso es quien [...] en la Ley del SEÑOR se deleita y día y noche medita en ella». En *El Mensaje*, Eugene Peterson interpreta este versículo como «piensas en la Escritura día y noche». ¿Día y noche? ¿Cómo podría alguien meditar constantemente?

La meditación bíblica es tomar un pensamiento de Dios (un versículo de la Biblia) y meditar sobre él, luego «tragarlo», después volverlo a traer a la mente y meditar sobre él un poco más. A continuación «tragarlo» de nuevo, traerlo de nuevo a la mente y meditar otra vez sobre él. ¿Por qué hacer eso una y otra vez con el pensamiento de Dios o el versículo bíblico?

Veamos primero por qué rumian las vacas. Porque eso les permite obtener la máxima cantidad de nutrientes de la hierba. (Muy bien, pero igual da asco).

Entonces, ¿por qué meditamos sobre quién es Dios y qué cosas ha hecho? Una de las razones es que así logramos la máxima nutrición espiritual en lo más profundo de nuestra alma.

No obstante, hay otro motivo: la repetición puede crear patrones mentales. Recuerda que una vez que tienes un pensamiento, se hace más fácil volver a tenerlo. Y mientras que la negatividad reiterada crea patrones mentales negativos en los que caes automáticamente, los pensamientos de Dios repetidos crean patrones mentales positivos, basados en la verdad, que honran a Dios y reemplazan a los anteriores. Esto es exactamente lo que Pablo señala en Romanos 12:2 cuando afirma que deben ser «transformados mediante la renovación de su mente».

Por lo tanto, ya que tienes el poder de elegir lo que piensas, elige pensar una y otra vez aquellos pensamientos que quieres seguir teniendo, pensamientos que quieres que sean tu estado natural cuando las cosas vayan mal, cuando estés tentado a pecar, cuando recibas malas noticias, cuando tu suflé se desinfle o cuando los hombres que diriges estén pensando apedrearte.

Ya te he comentado de cuando mi vida se vino abajo. Dr. C. me diagnosticó «agotamiento profesional grave», pero lo único que yo sabía era que estaba colapsando mental y emocionalmente. (Dr. C. hablará más sobre esto en la sección de reflexión).

Así que comencé a rumiar.

Dr. C. me animó a fortalecerme en el Señor, mi Dios, mediante un versículo de la Escritura que fuera el antídoto de Dios para mi mentalidad negativa. En mis días amargos, la mente se me desbordaba con una profunda sensación de insuficiencia. Afortunadamente, Dios me dirigió a Romanos 15:13: «Que el Dios de la esperanza los llene de toda alegría y paz a ustedes que creen en él, para que rebosen de esperanza por el poder del Espíritu Santo».

Leí el versículo.

Lo leí una y otra vez. Medité sobre el significado de cada palabra. Lo leí otras cien veces. Consideré detenidamente el orden de las palabras y cómo se relacionaban entre sí. Lo leí otras cien veces. Oré el versículo; sobre todo eso, oraba sus palabras, a veces palabra por palabra, otras veces improvisaba oraciones a partir de ellas, como un músico de jazz. «Que el Dios de la esperanza», *así es Craig, el Dios de esperanza. Tú lo sabes, siempre hay esperanza, incluso ahora.* «Los llene de toda alegría», *eso es lo que necesito, Dios. Por favor, dame alegría. Alma mía, ya viene. Dios te está llenando de alegría, recíbela alma mía.* «Y paz», *Craig, tienes paz en Dios, pues Jesús vino a darte paz.* «A ustedes que creen en él», *Craig, has confiado en él y nunca te ha defraudado. Confía en él, confía en él con todo tu corazón. No te apoyes en tu propio entendimiento. Reconócelo.*

¿Sabes qué pasó?

Se quedó grabado en mi cerebro. Cree un patrón mental con ese versículo. Llegó el momento que me parecía imposible no pensar en la verdad de Dios y que su Palabra dominara mi pensamiento.

Así fue como Romanos 15:13 pasó a ser la banda sonora de mi día a día. Como un atleta de alto rendimiento, esas palabras se convirtieron en mi mantra personal.

Con la ayuda de Dios, cambié mis pensamientos y eso cambió mi vida. He confesado que había perdido la esperanza de poder cambiar, pero al meditar sobre Romanos 15:13 los pensamientos de Dios ocuparon el lugar de mi negatividad. Y al cambiar mis pensamientos, mi vida cambió. La esperanza, la alegría, la paz y la confianza comenzaron a llenar cada fisura de mi alma. Por primera vez en años, me sentí lleno de esperanza, alegría y paz, me sentí fuerte. Empecé a experimentar la victoria que Dios promete a sus hijos. Hoy soy diferente, y es gracias al poder de la Palabra de Dios.

ES HORA DE CAMBIAR DE OPINIÓN

Puedes lograrlo.

Puedes ser diferente.

Con la ayuda de Dios, puedes cambiar tus pensamientos.

Es posible que hayas estado nadando en un mar de negatividad. Todos los días ves las noticias y te angustia la situación del mundo. Sigues mirando las redes sociales que te hacen sentir inferior y marginado. Caes en las paranoias que circulan YouTube y te hacen sospechar de casi todo. Además, puede que tengas amigos a quienes les encanta criticar, chismear o despotricar sobre teorías conspirativas. Te especializas en encontrar lo que está mal en el mundo, y se te da bien sentirte desdichado.

> **CON LA AYUDA DE DIOS, PUEDES CAMBIAR TUS PENSAMIENTOS.**

Si es así, es hora de hacer un ayuno de negatividad.

Lo digo en serio.

Es hora de cortar con cualquier cosa o relación que te deprima.

¿De qué necesitas abstenerte para no alimentar la negatividad y empezar a debilitar el poder de esa «configuración por defecto»?

¿Y qué necesitas rumiar para crear nuevos patrones mentales?

Hemos identificado cuatro categorías de negatividad, y para cada una quiero darte algunos pensamientos poderosos de Dios sobre los que puedes meditar.

Si luchas contra el cinismo en las relaciones, puedes rumiar pensamientos como estos:

> Con la ayuda de Dios, me libraré de la amargura y el escepticismo. Elijo creer lo mejor respecto a los demás y ser bondadoso, compasivo y afectuoso. Amaré y perdonaré a los demás como Jesús me amó y me perdonó. (Ver 1 Co 13:3-4; Ef 4:30-32; 1 Jn 4:19).

Si luchas contra el sesgo de negatividad, puedes desplazar esos pensamientos negativos con estos positivos:

Dios, por tu poder, llevo cautivo todo pensamiento para que obedezca a la verdad de Cristo. Porque tú eres bueno, elijo pensar en lo que es bueno, correcto, verdadero, útil y digno de elogio. Al confiar en ti, tu paz guardará mi corazón, mi alma y mi mente en Cristo Jesús. (Ver 2 Co 10:5; Fil 4:7-8; Ro 15:5-6).

Si te encuentras atrapado en pensamientos polarizados, y siempre asumes que todo es absoluto y sin matices, puedes empezar a decirte:

Así como Jesús me amó y me aceptó, yo amaré y aceptaré a los demás. Dios no me llamó a tener la razón, me llamó a amar. En lugar de insistir en mi punto y tener la razón, elegiré marcar la diferencia. Con humildad, elijo amar a los demás por encima de mí mismo. (Ver Mt 22:37-39; Jn 17:25-26; Fil 2:1-3).

Si tienes mentalidad de víctima y tiendes a culpar a los demás, declara repetidamente estas verdades espirituales:

Dios me ha dado una vida y una mente propias. Por su gracia, seré dueño de mis decisiones y elegiré lo mejor de Dios para mí. Se me ha dado todo lo que necesito para lograr todo lo que Dios quiere que haga. En Jesús, soy un vencedor que puede hacer todas las cosas por medio de Cristo y su poder, que vive en mí. (Ver Ro 12:1-2; Ef 3:20; Fil 4:13).

Leemos en Romanos 8 que la mente gobernada por la carne es muerte, es oscuridad y destrucción, mientras que la mente que proviene del Espíritu es vida y paz.
Jesús expresó que vino a darnos vida (Jn 10:10) y paz (Jn 14:27).
¿Cómo obra eso en nosotros?
Descubrimos el secreto en un versículo que mencionamos anteriormente, Romanos 12:2: «No se amolden al mundo actual, sino sean transformados mediante la renovación de su mente. Así podrán comprobar cómo es la voluntad de Dios: buena, agradable y perfecta».
Entonces, ¿qué vas a elegir?
¿Vas a permitir que tu mente sea gobernada por la carne y como resultado coseches destrucción? ¿Continuarás dejándote llevar por los últimos chismes y las noticias que inducen al miedo? ¿Vas a seguir viendo la vida con esa mirada cínica y negativa? ¿Te aferrarás a pensamientos polarizados? ¿Vas a limitarte a ser víctima de lo que te ocurre, de lo que te hacen los demás o de lo que piensas de ti mismo?
¿O vas a poner tu mente en las cosas del Espíritu y cosechar los beneficios de la vida, la alegría y la paz?
Es tu decisión. Puedes elegir enfocarte en lo que está mal en ti y en el mundo que te rodea, o puedes mirar a Dios para ver lo que es correcto y verdadero.
Tus pensamientos tienen un poder asombroso; sin embargo, tú tienes un poder asombroso sobre tus pensamientos.

Al de carácter firme
lo guardarás en perfecta paz,
porque en ti confía. (Is 26:3)

REFLEXIONES DE DR. C.

Quizás te sorprenda saber que tienes más de seis mil pensamientos al día.[1] La mayoría de las personas enfrenta pensamientos negativos de alguna forma, como «no soy lo suficientemente bueno», «no soy atractivo» o «me falta inteligencia». Tus pensamientos pueden producirse de forma tan rápida y automática que probablemente no seas consciente de cuántos pensamientos negativos tienes a lo largo del día. Aunque la negatividad no es un diagnóstico psiquiátrico formal, cuando se torna persistente está en la raíz de muchos trastornos emocionales, sociales y conductuales.

Puede ser útil entender la negatividad como un espectro. En un extremo, tu mente podría tender automáticamente a pensamientos demasiado negativos sobre una persona, situación o experiencia. En el otro extremo, tus pensamientos negativos podrían ser generalizados y extenderse a múltiples personas y experiencias. Cuanto más generalizada, frecuente, intensa y persistente sea tu negatividad, más desgraciado te sentirás. Como expresó Craig antes: «Es imposible tener una vida positiva con una mente negativa».

Lamentablemente, la negatividad puede ser adictiva, pues desencadena procesos bioquímicos (como la liberación de cortisol) dentro de estructuras específicas (p. ej., el sistema límbico y la corteza cerebral) y las vías neuronales en el cerebro. Cuanto más tiempo te aferras a la negatividad, más refuerzas las vías neuronales del cerebro para esos pensamientos negativos, a la vez que filtras los positivos. Por lo tanto, la negatividad moldea la bioquímica del cerebro y hace que sea más fácil enfocarse continuamente en aspectos negativos.

Aunque factores como la genética, la fisiología, los traumas pasados y presentes (abuso, violencia, negligencia), las situaciones difíciles o las relaciones poco saludables pueden influir en la negatividad, esta es principalmente el resultado de patrones de pensamiento aprendidos. Por lo tanto, tienes cierto nivel de control sobre cuánta negatividad permites que entre en tu mente, sin importar los retos y factores de estrés a los que te enfrentes.

ESTRATEGIA DE SEIS PASOS

Es importante comprender que el hábito de la negatividad no desaparece por arte de magia. Aunque la medicación y los hábitos de salud (como la dieta, el ejercicio y el sueño) pueden ayudar a controlarla, es necesario practicar nuevas formas saludables de pensar y reaccionar para tener un crecimiento permanente.

En nuestras sesiones de terapia, le enseñé a Craig las herramientas que ha mencionado (como mantener un diálogo interior positivo y lleno de fe, meditar sobre la Palabra de Dios y rodearse de personas positivas), y también lo guie para que abordara sus períodos de negatividad con una estrategia de seis pasos. Con esta estrategia, Craig fue ejecutando acciones concretas para tener una mente más positiva, todas fundamentadas en la ciencia del comportamiento y la psicología del deporte.

Estos son seis pasos que pueden ayudarte a salir de la negatividad y convertirte en la persona que Dios quiere que seas.

DECIDIR: ¿CÓMO QUIERES PENSAR?

Recodificar tu mente exige que decidas pensar de manera intencional. Sea cual sea tu situación, tú decides en última instancia cómo, cuándo y por qué reaccionas. Aunque circunstancias como la muerte, el divorcio y la bancarrota pueden parecer abrumadoras, aún tienes la opción de elegir cómo pensar y reaccionar. Al elegir cómo pensar sobre los desafíos de tu vida, tú decides cuándo y hasta qué punto te afecta la negatividad.

EVALUAR: ¿CÓMO ESTÁS PENSANDO?

Recuerda que tu cerebro es como un ordenador que procesa constantemente lo que experimentas y la información de tu entorno. Fortalecer tu capacidad para controlar la negatividad requiere que examines tus pensamientos negativos en busca de errores de pensamiento y que recodifiques tu forma de pensar. Craig mencionó el cinismo en las relaciones, el sesgo de negatividad, el pensamiento polarizado y la mentalidad de víctima. Estos son solo algunos de los muchos errores de pensamiento que conducen a una negatividad tóxica (ver Apéndice). Cuanto más infectados estén tus pensamientos con este tipo de errores, mayor será el poder de la negatividad en tu vida. Como se mencionó en un capítulo anterior, parte del crecimiento de Craig se basó en eliminar los pensamientos automáticos negativos (PAN) y fortalecerse con pensamientos auténticos, realistas e inspiradores (GRIT, por sus siglas en inglés).

También es importante volver a hacer hincapié en la neuroplasticidad de tu cerebro. Puedes influir en tus procesos neuronales y en cómo tu cerebro codifica la información. Tienes la capacidad de cambiar esas redes neuronales según el grado de atención que le dediques a un pensamiento o experiencia especialmente positivos. Esta atención incluye mantener el pensamiento de reemplazo positivo el tiempo suficiente (como cinco minutos de meditación) para que tu cerebro estimule los procesos bioquímicos que activan canales neuronales vinculados a emociones y conductas positivas.

RECIBIR APOYO: ¿QUIÉN ES TU PILOTO DE FLANCO?

La definición militar tradicional de lo que es un piloto de flanco (o de apoyo) se refiere a la formación de vuelo de los aviones de combate. Siempre hay un avión líder que va acompañado de otro a su derecha, ligeramente retrasado respecto al líder. A este segundo piloto se lo llama piloto de apoyo porque protege al primero al cubrirle las espaldas. Esto es vital en condiciones difíciles y de mucha presión. Al igual que los pilotos de combate que van a la batalla, no puedes llegar a ser la persona que Dios desea que seas si vas solo en el camino: necesitas a alguien que te cubra las espaldas.

Debes seleccionar en oración pilotos de apoyo clave (hombres o mujeres) que te fortalezcan y edifiquen durante los momentos difíciles en que la negatividad pueda aparecer. Tu piloto de apoyo debe ser un seguidor de Cristo que te pida cuentas cuando te desvíes hacia la negatividad. Parte de la estrategia con Craig incluyó ayudarlo a identificar y empoderar a su piloto de apoyo para que amorosamente corrigiera su curso cuando fuera necesario.

Todos nos enfrentamos a la negatividad. Si estás herido físicamente y no puedes caminar, necesitas a alguien que te ayude. Del mismo modo, en ocasiones necesitarás apoyo espiritual, emocional o relacional cuando tengas dificultades. Las personas que mejor superan los períodos de negatividad son las que tienen un piloto de apoyo y reconocen rápidamente que necesitan su ayuda.

INVERTIR TIEMPO: ¿QUÉ NECESITAS REPETIR HASTA QUE SE VUELVA AUTOMÁTICO?

La repetición es clave para lograr el cambio. La única manera de sustituir eficazmente la negatividad tóxica por formas de pensar más adaptativas es repetir el proceso una y otra vez hasta lograr su automatización. Para que el cambio sea permanente, tendrás que practicar el proceso a diario hasta que se convierta en un hábito.

Existe una correlación directa entre la frecuencia y la cantidad de tiempo que inviertes en cambiar tu forma de pensar y la rapidez con la que recuperarás tu inversión. Para algunos, sustituir un viejo hábito por uno nuevo puede tomar solo tres meses de práctica diaria, mientras que para otros puede llevar hasta seis. Es importante mantenerse centrado en el esfuerzo diario. Al principio, sustituir la negatividad por pensamientos auténticos, realistas e inspiradores puede resultar antinatural, incómodo y hasta desconcertante. Es posible que te sientas frustrado y vuelvas a caer en los viejos hábitos de negatividad. Sin embargo, como ocurre con el aprendizaje de cualquier habilidad nueva, cuanto más tiempo y esfuerzo inviertas en el proceso, más fácil te resultará con el tiempo.

RECORDAR: ¿EN QUIÉN QUIERES CONVERTIRTE?

Parte del proceso de superar la negatividad, ya sea transitoria o persistente, incluye dedicar tiempo a visualizar cómo quieres que te recuerden los demás.

- ¿Cómo quieres que te describan los demás cuando recuerden la forma en que te enfrentaste a tus desafíos?
- ¿Qué ejemplo estás dando a tu familia, amigos y compañeros de trabajo?
- ¿Qué legado dejarás después de tu último aliento en la tierra?

Una parte importante del crecimiento es visualizar y recordarte a diario la persona en la que quieres convertirte. Esto puede incluir hacer una pausa durante el día para respirar y reflexionar sobre quién deseas ser en ese momento y en el futuro. Reflexionar sobre tu yo ideal puede moldear positivamente tus creencias y expectativas sobre ti mismo y, a su vez, ayudarte a salir de la negatividad y de otras formas de pensamiento autodestructivo.

EMULAR: ¿QUIÉN ES TU MODELO?

La palabra *emular* significa «imitar las acciones de otra persona procurando igualarlas e incluso excederlas». Cuando te visualizas a ti mismo y a la persona en la que quieres convertirte, es importante tener un modelo a seguir al que puedas imitar. Aprender una nueva habilidad requiere visualizar e imitar un modelo. Esto es similar a guiarse por la pregunta: «¿Qué haría Jesús?».

Aunque Cristo es el modelo por excelencia, puede ser útil tener otros modelos a los que admirar por sus cualidades, comportamiento y logros. Puede ser beneficioso tener diferentes modelos para diferentes situaciones de la vida. Los buenos modelos de conducta son personas seguras de sí mismas, humildes y capaces de sortear las dificultades sin caer en patrones mentales de negatividad. Si caen, rápidamente lo reconocen y se apartan de ellos. Son personas que tienen una mentalidad de crecimiento continuo para aprender de los errores, de manera que reflejan las cualidades positivas que buscas.

Tu modelo a seguir debe inspirarte y proporcionarte claridad de pensamiento en momentos difíciles.

EL ESFUERZO VALE LA PENA

Todo el mundo pasa por períodos de negatividad, y tú también los tendrás. Algunos serán breves, mientras que otros pueden ser más largos o persistentes. Más allá del notable éxito de Craig y de lo bien que ejemplifica una vida de fe, en ocasiones sigue enfrentando breves períodos de negatividad, del mismo modo que les ocurría a las figuras inspiradoras que aparecen en la Biblia.

Además de las estrategias espirituales con base en la Biblia que compartió, Craig actuó con intención y se comprometió a desarraigar la negatividad y a recodificar los errores de pensamiento con verdades espirituales y llenas de fe sobre sí mismo. Lo hizo mientras reflexionaba sobre el hombre que quería ser y buscaba el apoyo de personas que lo acompañaran en el camino. En el proceso de decidir, evaluar, recibir apoyo, invertir tiempo, recordar y emular, continúa creciendo para convertirse en el hombre, el esposo, el padre, el pastor y el líder que Dios quiere que sea.

La buena noticia es que tú también puedes lograrlo. Habrá que trabajar un poco, pero el esfuerzo valdrá la pena.

PREGUNTAS PARA REFLEXIONAR

1. En una escala del uno al diez (donde uno es muy pocas veces y diez es casi siempre), ¿cómo te calificarías a ti mismo en cuanto a la negatividad? Argumenta tu respuesta.
2. ¿Cómo sueles hablarte a ti mismo? ¿En qué medida es negativo tu diálogo interior?
3. Respecto a las áreas más negativas de tu vida, ¿cómo puedes empezar a revertir la situación de tus pensamientos negativos y sustituirlos por pensamientos de Dios?
4. Así como Dios me guio a meditar sobre Romanos 15:13, encuentra un versículo bíblico para ti y aplica con él la misma estrategia que te sugerí en esa parte del capítulo.

DIARIO

PARTE 5

EL ENOJO

5.1

INTRODUCCIÓN

Este capítulo va a ser peligroso.

Puede que incluso un poco arriesgado.

Como subir a una montaña rusa.

¿Por qué?

Porque vamos a hablar del enojo.

Quizás estés enojado y lo justifiques. En realidad, es posible que te estés enojando un poco ahora mismo al preguntarte por qué hay un capítulo sobre el enojo en un libro que habla sobre la ansiedad, la depresión y el agotamiento profesional. Está claro que nadie quiere esos problemas, pero ¿incluir el enojo? ¿en serio? Es decir, no todo el mundo sufre ansiedad o depresión, pero todo el mundo se enfada, ¿no es cierto? Entonces, ¿por qué incluir el enojo como un problema de salud mental?

Puede que hasta te guste un poco enfadarte y pensar: *¿Tienes algún problema con mi enojo, Groeschel? ¡Eso me molesta!*

Sin embargo, no soy yo quién reprende tu enojo.

Jesús ya lo hizo.

Por otro lado, quizás estés enfadado y detestes estarlo.

Y sabes que está mal enojarte, pues te daña a ti y a los demás. Entonces quieres dejar de sentirte así, pero no sabes cómo.

O tal vez consideres que este no es un problema en tu vida, aunque los que te conocen digan lo contrario.

En cualquier caso, no importa si justificas, detestas o niegas tu enojo: este capítulo es para ti.

- Si no te sientes incómodo con tu enojo quiero pedirte que consideres que Dios puede mostrarte que estás equivocado.
- Si detestas tu enojo, quiero invitarte a que dejes que Dios te ayude.

Entonces, ¿estás listo para subirte a una montaña rusa? Hagámoslo.

Comenzaremos con una pregunta arriesgada: ¿es realmente un pecado estar enojado?

Es decir, o todo o nada, ¿verdad?

¿ES EL ENOJO REALMENTE UN PECADO?

¿Es pecado enojarse?

Respuesta: no.

Bueno, vayamos despacio. Consideremos esta otra respuesta: a veces lo es.

No me convence, veamos otra posibilidad: la mayoría de las veces lo es.

O podríamos decir que el enojo no es pecaminoso por naturaleza, aunque sí es casi siempre intrínsecamente insensato.

Ahora ya sé que esto podría estar irritándote; te dije que sería peligroso.

Hay un pasaje de la Biblia que la gente cita para «demostrar» que el enojo no es pecado. Efesios 4:26-27 expresa: «"Si se enojan, no pequen". No permitan que el enojo les dure hasta la puesta del sol, ni den cabida al diablo».

El argumento afirma: «Lo ven, Pablo escribió eso, y no dijo que el enojo sea pecado. Dijo que no peques en tu enojo».

De acuerdo.

Así que quizás, solamente quizás, no sea correcto decir que el enojo es pecado; sin embargo, ¿qué podemos aprender de estos versículos?

Aprendemos que, *aunque el enojo no sea pecado, puede llevarnos fácilmente al pecado*. La razón por la que Pablo parece hacer esta advertencia es que resulta muy fácil pecar cuando se está enojado.

El enojo puede no ser pecado, pero solo si dura muy poco. Pablo nos instruye a no dejar que nuestro enojo dure hasta la puesta del sol. Por lo tanto, si te has enfadado y pareces seguir estándolo, si tu enojo ya es un huésped habitual en tu casa, ciertamente tienes un problema. Esto también indica que tu enojo no es piadoso, porque de Dios se nos dice que «solo un instante dura su enojo» (Sal 30:5).

El enojo quizás no sea pecado, pero puede abrirle la puerta a Satanás para que entre en nuestra vida. ¡Cuidado, esa es una puerta que quiero mantener bien cerrada! Pablo advirtió sobre el enojo: «Ni den cabida al diablo». La palabra griega que usó, y que se tradujo como «cabida», es *topos* y significa un lugar físico, como una habitación. Por lo tanto, tu enojo le da al diablo un lugar en tu corazón desde donde puede influir en el resto de tu vida. (Esa habitación puede darle acceso a toda tu casa). Y yo no quiero darle al diablo acceso *a nada*, ni mi matrimonio ni a mis hijos ni a mis amigos ni a mi ministerio ni a mis finanzas. No obstante, si vivo enojado, eso es exactamente lo que estoy haciendo.

Así que para dejar fuera al diablo, profundicemos un poco más en este punto.

El enojo fácilmente lleva al pecado y le da entrada a Satanás. Cuando le abres la puerta al diablo, aún podemos decidir cerrarla; sin embargo, el pecado toma la decisión de aferrarse al enojo e invitarlo a entrar. Si a menudo te sientes enojado, ¿te está sucediendo esto? Examinemos esta pregunta a la luz de las palabras de Jesús en Juan 15:12: «Y este es mi mandamiento: que se amen los unos a los otros como yo los he amado».

Veamos:

- ¿Tu enojo está haciendo que te asemejes más a Jesús?
- ¿Te está haciendo más amoroso?
- ¿Hace que la gente se sienta bien junto a ti?
- ¿Tiene un efecto positivo en tu cónyuge, tus hijos, amigos y compañeros de trabajo?
- ¿Te hace un ejemplo para los demás de la alegría que hallamos en Cristo?
- ¿Atrae a otras personas a Jesús?

Supongo que respondiste con un no rotundo a cada una de esas preguntas, pero en caso de que no hayas sido así, veamos otro versículo bíblico. Se nos dice en Santiago 1:20 que «... el enojo de una persona no produce la vida justa que Dios quiere».

¿Qué significa eso?

Significa que el enojo no es parte de la vida que Dios tiene para ti.

Así que cuando empieces a irritarte por cómo alguien conduce, te molestes por lo que se publica en las redes sociales, te enojes por un mal servicio o te ofendas por lo que hizo un amigo, por favor, recuerda esto: tu enojo no está produciendo la vida justa que Dios desea para ti.

TU ENOJO NO ESTÁ PRODUCIENDO LA VIDA JUSTA QUE DIOS DESEA PARA TI.

En realidad, resulta paradójico que la gente use Efesios 4:26: «Si se enojan, no pequen», para justificar su enojo, porque solo unos versículos después, Pablo escribe: «Abandonen toda amargura, ira y enojo, gritos y calumnias y toda forma de malicia» (v. 31).[1]

Ten en cuenta que Pablo expresa: «Abandonen toda [...] ira y enojo». No habla de «algunas iras» ni de «los malos tipos de enojo». Si yo fuera Pablo, podría haber escrito: «Abandonen toda ira y enojo, excepto la ira y el enojo aceptables contra alguien que»:

- habla por teléfono durante una película,
- ocupa dos plazas de aparcamiento,
- escribe TODO EN MAYÚSCULAS en los mensajes de texto,
- pulsa «responder a todos» en los correos electrónicos cuando solo tiene que responder a una persona,
- no repone el rollo de papel higiénico,
- comienza con la frase: «No te ofendas, pero...»,
- acapara el reposabrazos del avión.

Yo escribiría: «Ese enojo está bien. Abandonen todos los *otros* enojos».

Sin embargo, Pablo, inspirado por Dios, nos instruye a abandonar toda nuestra ira y enojo. Además, lee los versículos que aparecen justo antes y después. En ellos se nos dice que hablemos solo palabras que «contribuyan a la necesaria edificación» de los demás, que nuestro enojo agravia al Espíritu Santo y que debemos ser «bondadosos y compasivos unos con otros y perdónense mutuamente, así como Dios los perdonó a ustedes en Cristo» (vv. 29-30, 32).

Apuesto a que a Pablo se escandalizaría si supiera que utilizamos lo que escribió para justificar el enojo.

Si has leído estas páginas, y aún no has renunciado a tu «derecho» a enojarte, puede que estés pensando: *Bueno, ¿y Jesús? Él se enojó, ¡y se supone que nosotros debemos ser como él! ¿Por qué no puedo enojarme?*

Es una buena pregunta, así que vamos allá.

5.2

ENOJADO COMO JESÚS

Amy y yo fuimos a visitar a unos amigos íntimos que viven en una urbanización cerrada y suponíamos que el código de la puerta funcionaría, pero no funcionó. Así que dimos la vuelta y esperamos pacientemente a que llegara otro auto para que abriera la reja y pudiéramos seguirlo al interior del vecindario. Sin embargo, cuando llegó un auto y abrió la reja, el conductor se dio cuenta de lo que pretendíamos hacer y se detuvo para no dejarnos entrar. Se negó a que pasáramos.

En ese momento, otro auto se detuvo detrás de nosotros y quedamos bloqueados.

No podíamos movernos, así que toqué la bocina educadamente. Ya sabes, un toque rápido de la bocina que expresa: «No quiero ser grosero, solo recordarte que estoy aquí para que me dejes pasar».

Sin embargo, el Sr. Bloqueador de Puertas no se movió.

Toqué la bocina un poco más insistentemente, sin llegar a enfadarme, como para decir: «Por favor, mueve el auto».

Sin resultado alguno, no se movía.

Después de varios minutos, Amy (que es amable, educada y normalmente evita los conflictos) extendió su mano desde el asiento de al lado y tocó la bocina. Esta vez el mensaje era: «Ya he tenido suficiente y ahora me has hecho enojar».

El tipo que bloqueaba la puerta ¡no se movía! Y el auto detrás de nosotros también permanecía allí, lo que añadía más tensión al momento.

No exagero si digo que estuvimos atrapados en ese infierno durante al menos diez minutos. Ya no estaba simplemente molesto, ni siquiera muy enojado, sino completamente enfurecido. Sin tener en cuenta que soy cristiano (y pastor), salí de mi auto y golpeé tan fuerte la ventanilla de aquel conductor que pensé que rompería el cristal.

Entonces bajó la ventanilla unos cinco centímetros y me dijo que iba a llamar a la policía. En ese momento, el otro auto dio marcha atrás y Amy me hizo señas para que regresara y marcharnos del lugar. «Pastor local multado por agresión vial» fue el titular que vi ante mis ojos, así que le hice caso a mi mujer, me subí al auto y nos marchamos.

Me enfurecí, ¡y soy yo quien escribe este capítulo sobre lo negativo del enojo!

Respecto a enojarse, ¿te has dado cuenta de que hay una gran cantidad de eufemismos para expresar la idea? Puedes estallar, explotar, saltar por los aires o echar chispas. Puedes montar en cólera o perder los estribos. Puedes perder la compostura o la cabeza. Puedes perder la calma o acalorarte. Puedes ponerte rojo como un tomate, lo que puede ocurrir si echas espuma por la boca. Puedes salir disparado, salirte de tus casillas o subirte por las paredes. Puedes hacer un berrinche, poner el grito en el cielo o perder los papeles.

Lo llames como lo llames, ¿acaso no lo hizo Jesús? ¿No se enojó Jesús? Y si lo hizo, ¿no significa que nosotros también podemos hacerlo?

¿Qué hizo realmente Jesús? Examinemos el ejemplo más famoso de su enojo, una historia lo suficientemente importante como para aparecer en los cuatro Evangelios.

Este es el contexto: Jesús desalojó el templo un lunes, cuatro días antes de que lo crucificaran. Justo antes de la Pascua, una fiesta en la que prácticamente todos los judíos viajaban a Jerusalén para ofrecer sacrificios en adoración a Dios. El historiador judío Flavio Josefo nos dice que la población típica de Jerusalén en aquella época era de unos 40.000 habitantes. Sin embargo, para la Pascua, el número de personas aumentaba a unas 250.000.

En el relato de Marcos, leemos que era domingo cuando Jesús llegó la primera vez: «Jesús entró en Jerusalén y fue al Templo. Después de observarlo todo, como ya era tarde, salió para Betania con los doce» (Mr 11:11). «Al día siguiente» (v. 12) salió de Betania para volver a Jerusalén y al templo.

Así explica Mateo lo sucedido:

> Jesús entró en el Templo y echó de allí a todos los que compraban y vendían. Volcó las mesas de los que cambiaban dinero y los puestos de los que vendían palomas. «Escrito está —dijo—: "Mi casa será llamada casa de oración", pero ustedes la han convertido en "cueva de ladrones"».
> Se le acercaron en el Templo ciegos y cojos y los sanó. (Mt 21:12-14)

Entonces no hay duda.

Jesús estaba muy enojado.

¿No significa eso que nosotros también podemos estarlo?

En primer lugar, debemos reconocer que Jesús no se caracterizaba por su enojo. Mateo no escribe: «Esta era la cuarta vez que Jesús desalojaba un templo. Y, por cierto, tendrías que haber visto lo que hizo cuando un fariseo le respondió con insolencia. Y no me hagas hablar de lo enfurecido que estaba Jesús con el impío gobierno romano; siempre estaba echando chispas por eso». Marcos no escribe: «Una vez se equivocaron con el pedido de Jesús en la cafetería y volcó las mesas de todo aquel garbanzo frito de Capernaúm».

No. A lo largo de los cuatro Evangelios, vemos que la ira no caracterizaba a Jesús, sino el amor. La gente no decía: «¡Jesús era una persona que se enojaba mucho! Ira justa, sin duda, pero *mucha* ira».

Cuando pensamos en Jesús, recordamos cómo amaba a los marginados, a quienes estaban atrapados en el pecado, a los leprosos, a los que dudaban, a sus enemigos y al discípulo que lo negó. Incluso perdonó a quienes lo crucificaron, ¡mientras lo estaban crucificando!

Por lo tanto, sí, vemos a Jesús muy enojado en esta historia, pero no es una historia típica. La limpieza del templo fue una situación inusual.

Permíteme señalar tres aspectos importantes que encontramos en el enojo de Jesús.

1. *Jesús no se enojaba por lo que le hacían a él, sino en defensa de quienes habían recibido maltrato.* Juguemos un sencillo juego llamado «La respuesta es siempre sí». ¿Listo?

¿Crees que alguna vez criticaron a Jesús?

¿Crees que había personas que estaban en desacuerdo con él?

¿Crees que alguna vez lo juzgaron injustamente?

¿Crees que alguna vez mintieron sobre él?

¿Crees que había personas que odiaban a Jesús sin razón?

La respuesta a todas esas preguntas es un rotundo sí.

Ahora juguemos a otro sencillo juego llamado «La respuesta es no».

¿Se enojó alguna vez Jesús por alguna de esas ofensas personales?

No. Ni una sola vez.

Jesús se enojaba cuando maltrataban a otras personas, no cuando lo maltrataban a él.

Le afligía ver que lastimaban a otras personas, y en algunas ocasiones (como el momento en que desalojó el templo) vemos que ese dolor se convirtió en ira justa (Mr 3:1-5; 10:13-14).

¿Puedo preguntarte cuáles han sido los motivos por los que últimamente te has enojado?

Tal vez convendría revisar y evaluar tu enojo según cómo respondes a las siguientes preguntas:

- ¿Qué tiende a hacerte hervir la sangre?
- ¿Qué rencores guardas?
- ¿En qué situaciones te irritas fácilmente?
- Cuando oyes el nombre de cierta persona, ¿te enojas?
- ¿A qué grupo de personas sueles criticar con más facilidad?

Tendemos a enojarnos cuando la gente nos insulta, nos hace daño o miente sobre nosotros. No obstante, Jesús expresó: «Dichosos serán ustedes cuando [...] la gente los insulte, los persiga y levante contra ustedes toda clase de calumnias» (Mt 5:11).

¿Dichosos?

Sí, dichosos.

La palabra original en el Nuevo Testamento es makários, que significa «felices».

En esencia, Jesús nos dijo: «Cuando la gente los insulte, les haga daño o mienta sobre ustedes, no deben enojarse, deben alegrarse».

Y continuó: «Alégrense y llénense de júbilo, porque les espera una gran recompensa en el cielo» (v. 12). Puedes estar alegre, aunque te maltraten, porque sabes que este mundo no es tu casa y todo lo que te suceda aquí es solo temporal.

Cuando alguien te hace algo que te desagrada, es normal que te enojes. Sin embargo, la buena noticia es que no estamos atados a nuestra naturaleza humana porque pertenecemos a un Dios todopoderoso que nos invita a una vida extraordinaria.

Quizás te preguntes: *¿Y qué pasa con la persona que me ha ofendido?* Jesús respondió a esa pregunta así: «Amen a sus enemigos y oren por quienes los persiguen» (v. 44). También nos enseñó a perdonar a los demás como Dios nos ha perdonado a nosotros (6:12). Ten en cuenta que Jesús no dijo que no tendríamos enemigos, solo nos indicó cómo relacionarnos con ellos.

Créeme, lo entiendo, cuando me critican o mienten sobre mí, se activa ese mismo mecanismo natural. No obstante, como alguien a quien se le ha perdonado tanto, puedo elegir perdonar, pues Dios decidió no tomar represalias contra mí por mi pecado, sino amarme en mi peor momento, cuando yo era su enemigo (Ro 5:6-8). Entonces, no es fácil, pero con la ayuda de Dios elijo no tomar represalias, sino amar a la gente, incluso cuando me hacen daño.

Volvamos a la historia de Jesús en el templo.

¿Con quién se enojó Jesús? Con los que cambiaban dinero.

¿En defensa de quién se enojó? En defensa de las personas a las que los cambistas maltrataban.

¿Quiénes eran los cambistas? Los que cambiaban dinero para que los peregrinos tuvieran el tipo de moneda apropiado para comprar un sacrificio para Dios. Sin embargo, los cambistas sabían que estas personas habían realizado un largo viaje para adorar, y que los tenían a su merced. Estos fieles necesitaban que les cambiaran el dinero, y los cambistas les daban un cambio injusto, los estafaban.

Y eso enfureció a Jesús.

No se enojó por lo que alguien le hizo o dijo de él. Debido a su rectitud, se enojó por la injusticia que cometían con la gente humilde.

Por lo tanto, si queremos seguir el ejemplo de Jesús, así debe ser también nuestro enojo.

2. *Cuando Jesús se enojó, volcó mesas, no agredió a personas.* Un pastor ha señalado que las mesas podían representar el sistema de injusticia, hipocresía y maltrato que oprimía a los desfavorecidos.

Jesús se indignó ante un sistema de injusticia institucionalizado, así que volcó las mesas que representaban ese sistema. Con ello, frenó la injusticia, al menos temporalmente.

Volcó las mesas, no a las personas.

Así es como Jesús se enfureció.

Sin embargo, cuando nos enojamos, tendemos a hacerlo con la gente.

¿Puedo decirte algo sobre esas personas que te hacen enfurecer? Cada una de ellas fue creada por Dios, a su imagen. Dios las ama y Jesús murió por ellas. Y eso significa que se debe tratar a todo el mundo con dignidad y respeto.

Tengo muchos hijos, y si alguien maltrata a uno de ellos, me lo voy a tomar como algo personal. ¿Por qué? Porque son mis hijos y los amo.

Así se siente Dios cuando nos enojamos con uno de sus hijos, y para que quede claro, toda persona es uno de sus hijos.

Por lo tanto, deberíamos dejar de enojarnos con la gente (o de hacerles gestos obscenos, si te pica el dedo del medio). Jesús volcó las mesas pues estaba indignado por el sistema de injusticia que oprimía a los hijos de Dios.

Hay injusticias en el mundo por las que deberíamos indignarnos, pues esa indignación justa ayuda a resolver problemas que lastiman el corazón de Dios.

No obstante, debemos ser cuidadosos. Al indignarte por alguna injusticia en el mundo, más vale que estés seguro de tener razón. Es fácil pensar: *Eso me irrita, así que debo tener razón. Supongo que así es como se siente la ira justa. Sí, ¡estoy enojado con razón!* Sin embargo, así no funcionan las cosas, solo porque sientas intensamente algo no significa que tengas razón. Además, recuerda algo que es aún más importante, no estamos llamados a tener razón, estamos llamados a amar. Así que, aunque tengas razón, si obras sin amor, estás equivocado. Recuerda las palabras de Jesús en Juan 15:12: «Y este es mi mandamiento: que se amen los unos a los otros como yo los he amado».

Así que recordémoslo: nuestro objetivo es amar. No obstante, ¿hay momentos en los que, como Jesús, podemos estar justamente enojados? Sí, cuando nos enojamos en defensa de los que sufren abuso, maltrato y explotación, y cuando nuestro enojo nos lleva a derribar la injusticia, no a las personas.

Y un último aspecto.

3. *El enojo de Jesús le permitió dar amor y sanar a los que sufrían.* ¿Qué ocurría en el templo? Los cambistas y los que vendían los sacrificios cobraban de más a la gente, y entonces los que no tenían recursos no podían adorar a Dios. ¿Quiénes carecían de recursos? Los pobres, los marginados, los ciegos, los enfermos y los cojos.

NO ESTAMOS LLAMADOS A TENER RAZÓN, ESTAMOS LLAMADOS A AMAR.

¿Y recuerdas lo que ocurrió inmediatamente después de que Jesús desalojara el templo? La última oración del relato nos dice: «Se le acercaron en el Templo ciegos y cojos y los sanó» (Mt 21:14).

El enojo de Jesús no solo dio lugar a que volcara las mesas, sino que creó un momento propicio para darle amor a las personas.

Jesús podría haberse enojado simplemente con los responsables del sistema injusto y opresor; sin embargo, eso por sí solo no habría sido una ira justa. Por eso dio un paso más allá, un paso importantísimo, y se preocupó por las víctimas de ese sistema injusto y opresor.

En los Evangelios, cada vez que Jesús manifiesta ira justa, también vemos que eso lo lleva a ayudar o a sanar a alguien.

Un poderoso ejemplo del contraste entre nuestra expresión de la ira justa y la de Jesús ocurrió en el huerto de Getsemaní. Aquí vemos la diferencia entre nuestro amor y el amor de Jesús, entre su respuesta y la nuestra. Cuando Judas condujo a una turba hasta el lugar dónde se encontraba Jesús, Pedro, que amaba a su líder y sentía que tenía que protegerlo de la injusticia, tomó una espada, atacó al siervo del sumo sacerdote y le cortó una oreja. Al ver esto, Jesús no dijo: «Bien hecho, Pedro, eso sí que es ira justa».

Por el contrario, reprendió a su discípulo y manifestó amor. Lucas 22:51 nos cuenta: «Pero Jesús dijo: "Basta". Y tocó la oreja del hombre y lo sanó» (NTV).

¿Y en cuanto a ti? Al enojarte, ¿tu emoción te lleva a blandir una espada y herir o a traer la paz y sanar?

Amar a las personas es la única manera en que tu enojo puede ser como el de Jesús. Y si no es así, probablemente tu ira sea farisaica, no justa. La ira farisaica puede ser perjudicial y conducir al abuso y a más pecado.

Aquí te muestro una tabla que contrasta los dos tipos de ira.

IRA FARISAICA	IRA JUSTA
Reacción instintiva	Respuesta en oración
Se enfoca en algo malo que está sucediendo	Se enfoca en algo bueno que debe suceder y no está sucediendo
Juzga la paja en el ojo ajeno	Reconoce los defectos propios
Solo se enoja cuando sus intereses están en juego	Se enoja en defensa de los demás
Se enoja con las personas	Se enoja con la injusticia
Se dirige contra alguien	Defiende o protege a alguien
Es nociva y afecta la vida	Es restauradora y promueve la vida
Va más allá de los límites saludables	Se mantiene dentro de límites saludables
Da lugar a la amargura	Da lugar al amor
Deja fuera a Dios	Busca honrar a Dios

Al mirar a Jesús, básicamente hemos redefinido el enojo, ¿no es así?

Si vamos a enojarnos, procuremos que sea como se enojaba él. No obstante, para ser sinceros, la mayoría de las veces no lo hacemos así. Más bien, nos enojamos porque alguien nos escandaliza y nos ofende. Y eso nos lleva a la siguiente pregunta: ¿por qué nos escandalizamos?

5.3

¡ESO (NO) ES ESCANDALOSO!

Jesús era compasivo, directo, divertido, amoroso, convincente y bondadoso. Tenía muchas cualidades, pero hay algo llamativo: nunca lo vimos mostrar sorpresa ante nada, nunca lo vimos escandalizarse.

En ningún pasaje vemos que alguien peque y Jesús exclame: «¿Qué fue eso? ¡No me lo puedo creer! ¿Qué acabas de hacer?». Nunca vemos que Jesús se encuentre con alguien atrapado en un estilo de vida, profesión o elección pecaminosos y diga: «Yo... bueno, yo... nunca había..., quiero decir, ¡no puedo creerlo! ¡Solo diré que estoy sorprendido!».

Nunca sucede.

Jesús sabía que «todos han pecado y están privados de la gloria de Dios» (Ro 3:23), y que «todos andábamos perdidos como ovejas; cada uno seguía su camino» (Is 53:6). Jesús amaba a todos, pero sabía que algo malo está profundamente arraigado en cada uno de nosotros. Por eso expresó: «Pues si ustedes, aun siendo malos» (Mt 7:11). Señaló que somos malos, y la dura verdad es que somos más que malos. Romanos 1:30 afirma que «se ingenian maldades». Es como si fuéramos emprendedores ingeniosos a la hora de pecar.

Jesús nunca se escandalizó, porque sabía qué esperar. Se nos dice en Juan 2:24-25: «Pero Jesús no confiaba en ellos porque conocía todo acerca de las personas. No hacía falta que nadie le dijera sobre la naturaleza humana, pues él sabía lo que había en el corazón de cada persona» (NTV).

Brant Hansen, en su libro *Unoffendable* [Inofendible], afirma que «lograr ser inmune a las ofensas depende en gran medida de ver el corazón humano como es: indigno de confianza, infiel y propenso al egoísmo. Si comprendemos esto ya no hay motivo para escandalizarnos».[1]

Entonces, ¿por qué sigues escandalizándote en las siguientes situaciones?

- Al conocer que tu amigo habló mal de ti.
- Al leer que un líder respetado ha estado haciendo cosas poco respetables.
- Si tu cónyuge te responde en mala forma.

- Si tu hijo te contesta con insolencia.
- Cuando alguien se cuela delante de ti en la fila de pago.
- Cuando tu madre dice algo y piensas: *no puedo creer lo que acabo de oír*.
- Al descubrir que alguien que considerabas razonable mantiene una postura política con la que no estás de acuerdo.
- Si tu jefe te grita.
- Cuando tu marido deja la tapa del inodoro levantada. Otra vez.

¿Por qué te escandalizas? En serio, ya has recorrido mucho camino, nadie debería tener que hablarte de la naturaleza humana, pues sabes lo que hay en el corazón de cada persona.

Hansen continúa: «La historia habitual es: "No puedo creer que hiciera algo así, no parecía ese tipo de persona". ¿Cuál es el "tipo de persona" que hace falta para hacer algo inconcebiblemente horrible? El corazón humano es capaz de una maldad asombrosa, y los malvados rara vez tienen cuernos y llevan un tridente, aunque eso nos facilitaría identificarlos».[2]

Entonces tal vez no deberíamos escandalizarnos, sino darnos cuenta de que los seres humanos somos así; aunque eso no significa que nuestro comportamiento esté bien. La idea no es racionalizar el pecado, sino simplemente de ser conscientes de que somos pecadores y hacemos cosas estúpidas. Así, no nos escandalizaremos al ver esas cosas, y tal vez no nos enojemos tan a menudo.

¿Recuerdas que te alerté que este capítulo iba a ser peligroso? Bueno, ¿puedo hacer algunas preguntas peligrosas?

¿Por qué nos escandaliza tanto el pecado de los demás y no el nuestro?

¿Por qué nos enojamos tanto por el mal comportamiento de los demás y justificamos tan fácilmente lo que hacemos mal?

Cuando experimentamos una «ira justa» por el pecado, ¿por qué siempre es el pecado de los demás?

Es tan fácil criticar la arrogancia de otros y pasar por alto nuestra soberbia espiritual. Juzgar su pecado sexual y justificar nuestra glotonería. Censurar sus engaños y racionalizar nuestra codicia. Condenar su actitud mundana y no tener en cuenta nuestra apatía espiritual.

Lo que quiero decir es que no somos tan buenos como creemos.

En Romanos 12:3 se nos advierte: «Nadie tenga un concepto de sí más alto que el que debe tener, sino más bien piense de sí mismo con moderación».

Eso tiene sentido, pues no se nos da muy bien reconocer nuestra propia maldad.

Cuántas veces en la autopista has exclamado: «¡Qué idiota es ese conductor!». Sin embargo, apuesto a que mientras conduces nunca has pensado: *¡Qué idiota soy!*

¿Por qué? Porque no eres un idiota, tienes un buen corazón y no es tu propósito invadir su carril.

Y este razonamiento lo aplicamos a todo. A pesar de que la Biblia nos enseña que todo el mundo es malo, que somos como una versión malvada de Thomas Edison a la hora de inventar formas de pecar y que «nada hay tan engañoso como el corazón» (Jr 17:9), seguimos convencidos de que somos bastante buenos; el problema son los demás.

Daniel Kahneman recibió el Premio Nobel de Economía en el 2002 por su trabajo al integrar los hallazgos de la investigación psicológica en la ciencia económica. En una entrevista para el artículo «Your Lying Mind» [Tu mente embustera], Kahneman explica que estamos «programados para engañarnos a nosotros mismos» y que tenemos sesgos cognitivos: formas de pensar erróneas e irracionales (errores de pensamiento) que actúan como ilusiones ópticas, de modo que cuando nos miramos a nosotros mismos, no podemos confiar en lo que vemos.[3]

¿Cuáles son algunos de nuestros sesgos cognitivos?

- *Sesgo de atribución*. Cuando otra persona hace algo mal, creemos que se debe a su carácter. Cuando nosotros hacemos algo mal, culpamos a nuestras circunstancias.
- *Sesgo de confirmación*. Buscamos pruebas que confirmen lo que ya creemos e ignoramos o descartamos las opiniones contrarias.
- *Polarización de actitudes*. Si nos comprometemos con una postura, nos atrincheraremos con tenacidad en ella, aunque cada vez haya más pruebas en su contra.
- *Sesgo de superioridad ilusoria*. Nos creemos mejores que la mayoría de las personas en la mayoría de las cosas. Por ejemplo, el 93 % de los conductores considera que su habilidad al volante está por encima del promedio, mientras que el 90 % de los profesores universitarios cree que su desempeño docente supera la media. Un estudio realizado con estudiantes durante sus exámenes determinó que, tras completar las evaluaciones, pero antes de conocer sus resultados, la totalidad de los participantes asumió que su desempeño superaría la media del grupo.[4] Todo eso es matemáticamente imposible, pero lo creemos porque estamos, sin duda, predispuestos a la confianza excesiva y al autoengaño.
- *Ilusión de inmunidad mediática*. Todos creemos que los medios de comunicación ejercen una influencia inmensa en otras personas, pero no en nosotros.

En caso de que al leer esta lista hayas pensado: *Tal vez les ocurra a otras personas, pero no a mí*, aquí tienes otro sesgo cognitivo.

- *El sesgo del punto ciego*. Creemos que somos menos tendenciosos que otras personas y tenemos la capacidad de identificar sesgos cognitivos en los demás, pero no en nosotros mismos.

En el artículo «Your Lying Mind: The Cognitive Biases Tricking Your Brain» [Tu mente embustera: Los sesgos cognitivos que engañan tu cerebro], Richard Nisbett, psicólogo social de la Universidad de Michigan, afirma: «La mayoría de la gente cree que no es como los demás; sin embargo, lo es».[5]

Los psicólogos llaman a todos estos errores de pensamiento «sesgos cognitivos».

En la Biblia, se los llama engañarse a sí mismo y tener un corazón iluso (Jr 17:9; Is 44:20; Abd 1:3; Stg 1:22-24).

Por eso te escandaliza lo que hacen otros, pero no lo que haces tú.

Tenemos sesgos, y eso nos lleva a ser orgullosos. Pensamos que tenemos la razón, que somos buenos; así que podemos enojarnos y juzgar a otras personas que están equivocadas y son peores que nosotros.

Este es un camino muy peligroso y una mentalidad de alto riesgo.

Jesús contó una parábola sobre esto. Comienza así: «A algunos que, confiando en sí mismos, se creían justos y que despreciaban a los demás, Jesús les contó esta parábola» (Lc 18:9).

¿Te imaginas a esas personas?

Se creían más listas y más piadosas que los demás, y pensaban que tenían razón en todo. Principalmente en asuntos teológicos, políticos y raciales, y también respecto a las vacunas, las mascarillas, las leyes sobre el control de armas, los cambios que sus iglesias deberían hacer, cómo criar a los hijos y si los pepinillos deberían ser parte de los sándwiches de pollo frito.

¿Conoces a alguien así?

¿Eres así?

(Debido a tus sesgos cognitivos, probablemente hayas respondido sí a la primera pregunta y no a la segunda).

A este grupo de personas que confiaban en su propia justicia y despreciaban a los demás, Jesús les dijo:

«Dos hombres subieron al Templo a orar; uno era fariseo, y el otro, recaudador de impuestos. El fariseo, puesto en pie y a solas, oraba: "Oh Dios, te doy gracias porque no soy como otros hombres —ladrones, malhechores, adúlteros— ni como ese recaudador de impuestos. Ayuno dos veces a la semana y doy la décima parte de todo lo que recibo". En cambio, el recaudador de impuestos, que se había quedado a cierta distancia, ni siquiera se atrevía a alzar la vista al cielo, sino que se golpeaba el pecho y decía: "¡Oh Dios, ten compasión de mí, que soy pecador!"

»Les digo que éste y no aquél volvió a su casa justificado ante Dios. Pues todo el que a sí mismo se enaltece será humillado y el que se humilla será enaltecido». (Lc 18:10-14)

A los fariseos se los tenía en alta estima porque externamente parecían justos. Tenían certeza de su piedad pues seguían meticulosamente los 613 preceptos de la Torá.

A los recaudadores de impuestos la gente los despreciaba porque a todas luces eran pecadores. Sabían que no eran piadosos ya que, al trabajar para el gobierno romano y aprovecharse de ello para su lucro personal, habían traicionado al pueblo de Dios.

En la parábola de Jesús, el fariseo presume de su currículum espiritual y da gracias a Dios por no ser como la gente pecadora. El recaudador de impuestos no se atrevía a alzar la vista al cielo y solo podía clamar a Dios: «¡Ten compasión de mí, que soy pecador!».

La conclusión de Jesús debe haber dejado atónitos a todos los que escuchaban, pues fue el recaudador de impuestos, y no el fariseo, quien volvió a casa justificado ante Dios. ¿Por qué? Porque «todo el que a sí mismo se enaltece será humillado y el que se humilla será enaltecido».

Al parecer, para Jesús, el problema no radicaba solo en hacer lo correcto o no, sino en la soberbia de unos y la humildad de otros.

Lamentablemente, si no tenemos cuidado, como cristianos podemos caer fácilmente en la misma soberbia del fariseo de la parábola. También podemos justificarnos y expresar: «Señor, estoy agradecido de no ser como mis vecinos y compañeros de trabajo no cristianos porque voy a la iglesia todos los domingos y diezmo antes de pagar los impuestos». En realidad, parece que muchos asumen que parte de nuestras funciones como cristianos es tener la razón.

No obstante, recuerda, no estamos llamados a tener razón, estamos llamados a amar. Además, Jesús señaló que los que se enaltecen serán humillados y los que se humillan serán enaltecidos.

Si te has enojado y lo justificas, espero que lo reconsideres.

Si te has enojado y detestas haberlo hecho, te haré algunas preguntas que pueden ayudarte a superar tu enojo.

5.4

CUATRO PREGUNTAS PERSONALES

Un domingo por la tarde, Amy me dijo que podíamos hacer lo que yo quisiera. Agradecido por su amabilidad, le dije que como ya había predicado el sermón, me encantaría hacer dos cosas: primero, ir a la iglesia por la tarde (donde pondrían el mensaje de la mañana en la pantalla) y simplemente adorar, y luego dar un paseo a pie. Ella aceptó entusiasmada, pero primero quería hacer una visita rápida para ver a nuestros nietos mientras yo hacía algo de ejercicio, luego iríamos a la iglesia y al paseo.

Sin embargo, Amy se quedó más tiempo de lo esperado con los nietos y volvió a buscarme solo quince minutos antes de que empezara la adoración en la iglesia. En realidad, podíamos llegar a la iglesia en diez minutos, pero me molestó que llegara tarde. En mi enojo, discutí con ella lo suficiente como para que ya no hubiera forma de llegar a tiempo. Entonces Amy me dijo: «Estás actuando tan irracionalmente que me voy a caminar sola».

Hoy, me avergüenzo de cómo respondí; definitivamente no fue ira justa, fue una ira injusta y estúpida. Estaba enojado, pero no enojado como Jesús, pues sobre todo con Amy, no estoy llamado a tener razón, estoy llamado a ser amoroso.

Si al igual que yo deseas mejorar, aquí tienes algunas preguntas que puedes hacerte cuando te sientas tentado a enojarte.

PREGUNTA I: ¿EVITARÉ APRESURARME?

¿Qué debes hacer cuando te sientas enojado, para que tu ira no te lleve al pecado?

Evita apresurarte.

«Todos deben estar listos para escuchar, pero no apresurarse para hablar ni para enojarse» (Stg 1:19).

Evitamos apresurarnos para silenciar nuestra propia voz y simplemente escuchar.

Evitamos apresurarnos para no responder de la manera natural.

Evitamos apresurarnos para poder acceder a la sabiduría y al poder de nuestro Dios infinito.

Evitamos apresurarnos para que, en lugar de reaccionar instintivamente, podamos responder de manera reflexiva.

Lamentablemente, no es común que actuemos de esa manera.

Lo que suele pasar es que alguien dice o hace algo, nos enoja, y respondemos con palabras o acciones que luego lamentamos; y por desgracia, en la vida no hay botón de retroceso.

No obstante, hay algo que podemos pasar por alto, y que sin embargo nos permite cambiar ese escenario común: existe un intervalo entre el estímulo y la respuesta.

Tal vez no nos demos cuenta, pues el intervalo puede durar desde un instante hasta unos pocos segundos. Incluso reflexionamos sobre lo sucedido y pensamos: *No, cuando dijo eso, inmediatamente le respondí.*

Sí, así fue. No obstante, hubo un intervalo de tiempo entre lo que hizo la persona y el momento en que respondiste, y podemos elegir qué hacer con ese intervalo.

En su exitoso libro *Los 7 hábitos de la gente altamente efectiva*, Stephen Covey señala que el quinto hábito consiste en buscar primero comprender, y luego ser comprendido. O podríamos decir escuchar antes de hablar, o incrementar el intervalo de tiempo entre el estímulo y la respuesta.

Covey explica que se produce un estímulo (p. ej., alguien dice o hace algo) al que luego respondemos. Sin embargo, hay un intervalo entre ese estímulo y la respuesta. Y cuanto más alargamos el intervalo, mejor podemos elegir nuestra respuesta.[1]

De lo contrario, caemos en un estado permanente de mera reacción.

Así que practica el consejo de Santiago 1:19, evita apresurarte y utiliza ese intervalo entre el estímulo y la respuesta para *elegir* tu mejor reacción.

PREGUNTA 2: ¿DE DÓNDE PROVIENE MI ENOJO?

El enojo suele considerarse una «emoción secundaria», es decir, otras emociones conducen a él. Por lo tanto, es una forma poco saludable de expresar otras emociones.

El Instituto Gottman llama a este fenómeno el «iceberg del enojo». En un iceberg real, la parte sumergida e invisible es significativamente mayor que la visible sobre el agua.[2]

El enojo es así, es la parte del iceberg que puedes ver por encima del agua. Sin embargo, bajo la superficie, hay otras emociones que no puedes ver.

Puedes sentir ansiedad, pero esta se manifiesta como enojo. Por eso asumes que tu dificultad es con el enojo, cuando en realidad puede que tengas un problema de ansiedad. ¿Por qué se manifiesta la ansiedad en forma de enojo? Bueno, cuando estamos ansiosos, la mayoría de las veces es por algo que no podemos controlar, como los sentimientos de otra persona, nuestra situación o lo que pueda suceder en el futuro. No podemos controlarlo y eso nos genera ansiedad. Entonces, nos enojamos y con ello creemos recuperar el control, pero solo es una falsa sensación de poder.

O tal vez lo subyacente sea el rechazo. Lo experimentaste, pero se manifiesta como enojo. ¿Por qué? Porque no quieres sentirte herido, ni parecer débil o vulnerable. Y no quieres que nadie te traicione o te abandone de nuevo. Así que te enojas, pero bajo la superficie hay un corazón lastimado, y tu enojo solo está ocultando tu dolor.

Por tanto, el enojo suele ser una emoción secundaria.

En realidad, sientes otra emoción, pero prefieres ocultarla y lo que dejas ver es el enojo.

Entonces, ¿qué debemos hacer cuando sentimos la tentación de enojarnos? Pues lo tomamos con calma y nos preguntamos: ¿de dónde viene este enojo? Si es la emoción secundaria, ¿cuál es la primaria? ¿Se debe realmente al tipo que conduce muy despacio en el carril rápido? ¿O estoy liberando emociones que han estado escondidas bajo la superficie? La National Highway Traffic Safety Administration [Administración Nacional de Seguridad de Tráfico en Carreteras] afirma: «Muchas veces, cuando se produce un incidente de ira al volante es porque la persona estaba estresada en otras áreas de su vida».[3]

Si evitas apresurarte y te preguntas: ¿de dónde viene mi ira? a menudo descubrirás que proviene del dolor. Puede que hayas oído a alguien decir: «La gente herida, lastima a otros». Habla con una persona que esté extremadamente enojada y lo más probable es que encuentres un corazón lleno de dolor.

Tal vez tu corazón esté lleno de dolor.

¿Evitarás apresurarte?

¿De dónde viene tu enojo?

PREGUNTA 3: ¿VOY A DEJAR QUE EL ENOJO CONTROLE MI REACCIÓN?

La tercera pregunta que debemos hacernos cuando nos empieza a hervir la sangre es: ¿voy a dejar que el enojo controle mi reacción y me haga pecar al decir o hacer algo de lo que luego me arrepienta?

Recuerda, hay un intervalo entre el estímulo y la respuesta, y puedes elegir lo que haces en ese lapso de tiempo.

- Puedes elegir si vas a dejar que la otra persona te escandalice.
- Puedes juzgar si tu ira es justa o farisaica.
- Puedes determinar si quieres darle cabida al diablo en tu vida.
- Puedes decidir si tendrás la humildad de reconocer que debido a tus sesgos cognitivos no puedes evaluar la situación con precisión.
- Puedes confesar que eres demasiado pecador para juzgar a otra persona.

El enojo no tiene por qué controlar tu reacción.

Puedes elegir ser mejor que eso, ser más como Jesús.

En noviembre del 2018, Pete Davidson, miembro del elenco del programa humorístico televisivo *Saturday Night Live*, se burló de Dan Crenshaw, veterano de los Navy SEAL convertido en congresista, y de su parche en un ojo, resultado de una herida causada por un artefacto explosivo improvisado en Afganistán. Davidson tenía opiniones políticas opuestas a las de Crenshaw, que acababa de ser elegido, y se burló de él con desdén: «Sé que perdió el ojo en la guerra o algo así».

La reacción contra el humorista fue tan fuerte que entró en un estado de depresión y publicó en Instagram: «Realmente no quiero estar más en este mundo. Hago todo lo que puedo para seguir aquí por ustedes, pero la verdad es que no sé cuánto más podré soportar. Solo he intentado ayudar a la gente. Y recuerden que lo dije».

Todos se preguntaban cómo respondería Crenshaw a la ofensa de Davidson; sin embargo, no lo hizo. En su lugar, le tendió la mano y se refirió al post del humorista: «"Le dije que todo el mundo tenía un propósito en este mundo. Dios nos puso aquí por una razón y es nuestro deber encontrar ese propósito. Así es como debemos vivir, saber que tenemos valor". Y añadió sobre Davidson: "Sobre todo un tipo como él, que hace reír a la gente. A veces enoja a alguien, pero hace reír mucho a la gente. Fue una buena conversación"».

Crenshaw optó por responder no con enojo, sino con amor.

Luego de este intercambio, *Saturday Night Live* invitó a Crenshaw al programa para encontrarse con Davidson, justo antes del Día de los Veteranos. Crenshaw pronunció palabras alentadoras y elogió al padre de Davidson, que fue bombero y murió en los atentados terroristas del 11-S cuando Pete solo tenía siete años. Cuando el segmento terminó, y Davidson pensó que ya no estaba en cámara, se inclinó hacia Crenshaw y le susurró: «Eres una buena persona».[4]

¡Vaya!

Dan Crenshaw podría haberse enojado, pero habría sido porque lo ofendieron, no en defensa de los demás; es decir, no habría volcado las mesas, como o Jesús, sino a las personas. Podría haber desatado una tormenta de discusiones en las redes sociales, pero aceptó la oportunidad de mostrarle al mundo cómo dos personas en posiciones opuestas pueden encontrar una solución. Por lo tanto, hizo lo que hizo Jesús, sanó a una persona lastimada. Nosotros podemos hacer lo mismo.

No apresurarnos.

Darnos cuenta de dónde viene nuestro enojo.

No dejar que controle nuestra reacción.

PREGUNTA 4: ¿DEJARÉ MI ENOJO EN MANOS DE DIOS?

¿Qué hacer con esos sentimientos de enojo que se despiertan en ti?

Déjalos en manos de Dios.

No debes ignorar tu enojo; si lo haces, simplemente lo reprimirás y se volverá aún más dañino. Como una pelota de playa que tratas de mantener bajo el agua, ejercerá una fuerte presión para salir a flote, y finalmente lo hará. Por lo tanto, no lo ignores, sino déjalo en manos de Dios.

Oras y le dices a Dios: «Así es como me siento y así es como quiero responder, pero voy a confiar en ti. Tú puedes manejar esto de la manera que sabes que es mejor».

Así se nos enseña en Romanos 12:17-21 (NTV):

Nunca devuelvan a nadie mal por mal. Compórtense de tal manera que todo el mundo vea que ustedes son personas honradas. Hagan todo lo posible por vivir en paz con todos.

Queridos amigos, nunca tomen venganza. Dejen que se encargue la justa ira de Dios. Pues dicen las Escrituras:

«Yo tomaré venganza;
yo les pagaré lo que se merecen»,
dice el SEÑOR.

En cambio,

«Si tus enemigos tienen hambre, dales de comer.
Si tienen sed, dales de beber.
Al hacer eso, amontonarás
carbones encendidos de vergüenza sobre su cabeza».

No dejen que el mal los venza, más bien venzan el mal haciendo el bien.

Nunca te vengues, deja eso en manos de la justa ira de Dios.

Vemos claros ejemplos de ello en los Salmos, como cuando David está furioso y le habla a Dios de su enemigo en Salmos 109:

Que sean pocos sus años;
que otro tome su lugar.
Que sus hijos queden huérfanos de padre,
y su esposa quede viuda.
Que sus hijos vaguen como mendigos
y que los echen de sus hogares destruidos.
Que los acreedores se apoderen de toda su propiedad,
y que los extraños se lleven todo lo que ha ganado.
Que nadie sea amable con él;
que ninguno tenga piedad de sus hijos sin padre.
Que toda su descendencia muera;
que el nombre de su familia quede borrado en la próxima
generación. (Sal 109:8-13, NTV)

¡Dinos cómo te sientes de verdad, hermano!

La oración de David es en esencia así: «Espero que una banda de mapaches rabiosos lo ataque y le arranque los brazos a mordiscos. Espero que alguien le desgarre la espalda con un rallador de queso, y que luego muera. Y, por favor, que todos sus hijos sufran y luego mueran, quiero que mueran también. Ah, y así es como espero que mueran: que a todos se les pudra la lengua y les explote la cabeza. Y oro todo esto en el nombre de Jesús. Amén».

David está *furioso*. ¡Hierve de ira!

¿Y entonces qué hace?

Ora.

Sin embargo, lo interesante aquí es que David era un guerrero con un ejército de élite estimado en treinta mil hombres, y luego se convirtió en rey de una nación. Así que todo por lo que ora lo podía haber hecho él mismo. Podía haber tomado el asunto en sus propias manos.

Sin embargo, no lo hace.

En lugar de eso, ora.

Deja su ira en manos de Dios.

¿Harás lo mismo tú? ¿Dejarás tu enojo en manos de Dios?

> **DEJAR TU ENOJO EN MANOS DE DIOS Y VER LO QUE ÉL OBRA EN TI Y A TRAVÉS DE TI.**

Si nunca lo has hecho, podrías suponer que quedarás inconforme. Porque en lugar de vengarte y ver sufrir a la persona, confías en Dios y dejas tu ira en sus manos.

Sin embargo, no te sentirás inconforme, porque descubrirás que algo poderoso sucede cuando oras y dejas tu enojo en manos de Dios. Mira cómo termina Salmos 109: «Pero yo daré gracias al SEÑOR una y otra vez; lo alabaré ante todo el mundo. Pues él está junto al necesitado, listo para salvarlo de quienes lo condenan» (vv. 30-31, NTV).

David ora, deja su ira en manos de Dios y su oración se convierte en alabanza. El mal no lo vence, pues al dejar el asunto en manos de Dios, su actitud se transforma y es capaz de vencer el mal con el bien.

¿Qué deberías hacer tú?

No apresurarte.

Darte cuenta de dónde viene tu enojo.

No dejar que tu enojo controle tu reacción.

Dejar tu enojo en manos de Dios y ver lo que él obra en ti y a través de ti.

5.5

(SIN) CANCELACIÓN

De regreso a la historia en Mateo 21, donde Jesús volcó las mesas de cambistas que estafaban a personas inocentes y empobrecidas que solo querían adorar a Dios, he estado tratando de imaginar qué pasaría si eso sucediera hoy.

Pues se convertiría en una gran historia.

Sería tendencia en las redes sociales con el hashtag #SeQuedabanConElCambio.

¿Y entonces qué pasaría? Cancelaríamos a los cambistas. ¿Y por qué? Porque amamos a Dios y cancelamos a la gente mala. Eso es lo que hacemos hoy, cada vez que una persona conocida hace, dice o publica algo que se considera incorrecto pero que no es un delito, incluso si es solo un error, aunque haya sido veinte años atrás, la cancelamos (la demonizamos y la marginamos).

No obstante, piensa en Jesús. Aquí te doy una breve lista de algunas de las personas que lo agraviaron, le mintieron, lo abandonaron, lo traicionaron o lo juzgaron mal:

- Herodes
- La gente del pueblo donde vivió
- Los fariseos
- El joven rico
- Poncio Pilato
- Judas
- Pedro

Y Jesús no marginó a ninguno de ellos. Se equivocaron y lo agraviaron. Sin embargo, con Jesús, que te equivoques no significa que te vaya a cancelar.

Y estoy muy agradecido por eso, pues debería añadir una persona más a la lista de los que agraviaron a Jesús:

- Yo

Me he equivocado, he mentido, abandonado y traicionado. He hecho daño a personas, y estoy muy agradecido de que Dios no me haya cancelado. Él me perdonó y continúa perdonándome. Dios tiene todo el derecho de estar enojado conmigo, pero Jesús eligió tomar ese enojo sobre sí en mi nombre. Estoy enormemente agradecido por un Dios que pagó mi pecado y no me marginó.

¿No estás contento? ¿No estás agradecido?

Y si tenemos un Dios que aparta su ira de nosotros, ¿cómo no vamos a apartarnos también de nuestro enojo?

> Y perdónanos nuestros pecados,
>   así como hemos perdonado a los que pecan contra nosotros.
>   (Mt 6:12, NTV)

REFLEXIONES DE DR. C.

Aunque el enojo es una emoción normal que todos experimentamos, el enojo incontrolado, intenso y persistente conduce a tendencias destructivas que pueden incluir el abuso físico y verbal, la agresión, el crimen e incluso la guerra. Lamentablemente, un estudio indica que alrededor del 8 % de las personas en Estados Unidos tienen problemas de ira intensa y mal controlada.[1] Los arranques de ira destructivos no son en sí mismos un diagnóstico mental, sino signos de problemas emocionales graves y síntomas subyacentes de trastornos de salud mental (como el trastorno explosivo intermitente, el trastorno negativista desafiante, la depresión mayor y el trastorno bipolar, el trastorno de estrés postraumático y los trastornos de personalidad antisocial y límite).[2]

Aunque el enojo puede desencadenarse por acontecimientos estresantes de la vida, en él también influye una serie de complejos procesos fisiológicos. Cuando se despierta tu enojo, tu cuerpo libera una gran cantidad de neuroquímicos (conocidos como catecolaminas) y hormonas, como la adrenalina, lo que hace que tu sistema nervioso simpático reciba una oleada de energía. Puedes experimentar un aumento del flujo sanguíneo, la frecuencia cardiaca, la presión arterial y la temperatura de la piel, y una respiración rápida y superficial que suele durar varios minutos.

Tu cerebro está configurado eficientemente para hacerte actuar, a veces antes de que puedas considerar de forma adecuada las consecuencias de tus acciones. Sin embargo, aunque estés programado para defenderte y luchar, puedes aprender a controlar tus impulsos agresivos con entrenamiento y práctica. El córtex prefrontal del cerebro, situado justo detrás de la frente, puede ayudarte a controlar tus emociones. Mientras que la amígdala se encarga de las emociones, el córtex prefrontal se encarga del juicio, ayuda a frenar las emociones y desempeña una «función ejecutiva» para mantener la mente y el cuerpo bajo control.

Lograr el control sobre tu enojo implica aprender formas que ayuden a tu córtex prefrontal a tener ventaja sobre tu amígdala, para que puedas controlar cómo respondes al enojo y no reaccionar con soberbia pecaminosa.

Hay muchas estrategias útiles para controlar la ira. A continuación, te doy una lista de varias técnicas basadas en la ciencia del comportamiento, que también complementan la Palabra de Dios y la guía que Craig te ha proporcionado. Los pasos están diseñados para ayudarte a controlar y sustituir las reacciones dañinas, destructivas, impulsivas y pecaminosas con respuestas intencionales, efectivas y adaptables.

TÉCNICAS DE REGULACIÓN EMOCIONAL

HACER UNA PAUSA, RESPIRAR Y TOMAR DISTANCIA

En medio del enojo, es probable que sientas arranques de soberbia y quieras justificar tus palabras o acciones injustas y agresivas. A menudo, solo después de tener uno de esos arranques es que te das cuenta de que tu reacción empeoró la situación. Antes de reaccionar con enojo y agravar la situación, es aconsejable hacer una pausa, respirar y tomar distancia.

El objetivo es frenar la oleada de energía que provoca la adrenalina para así reducir tu impulso de luchar. Antes de responder, debes controlar deliberadamente tu impulso. Es útil hacer una pausa momentánea y aplicar la respiración táctica o controlada. Esto es respirar lenta y profundamente durante cuatro segundos, utilizando el diafragma, aguantar la respiración durante cuatro segundos y exhalar con lentitud durante otros cuatro segundos. Luego, repite el proceso hasta que alcances un estado de ánimo razonablemente calmado.

Esta técnica se denomina «respiración en caja» y la utilizan los Navy SEAL y otro personal de operaciones especiales para controlar las reacciones de su cuerpo ante amenazas graves. Actualmente es la misma técnica que utiliza Craig cuando necesita mantener la calma y la concentración.

La frase «tomar distancia» se refiere a obligarse a uno mismo a hacer una pausa y reflexionar. Y como cristiano, a menudo es un signo de humildad reflexionar sobre la necesidad de que Cristo maneje las cargas a las que te enfrentas a diario.

EVALUAR CON COMPASIÓN Y EMPATÍA

Según aprendas a controlar el proceso bioquímico de tu cuerpo y a refrenar la oleada de energía que te hace reaccionar, estarás mejor preparado para evaluar tus pensamientos en busca de errores. Es de vital importancia examinar en qué medida son razonables tus pensamientos.

Cuando estás enojado, después de hacer una pausa, respirar y sentir que la calma vuelve a tu cuerpo, puedes reevaluar con mayor eficacia la amenaza que percibiste o el problema que provoca tu enojo. Esto te permite sustituir los pensamientos dañinos y los errores de pensamiento con pensamientos más realistas, racionales y verdaderos. El objetivo de reevaluar la amenaza o el problema no es necesariamente eliminar el enojo, sino aprender a pensar con claridad y responder con eficacia. Cuando lo haces, la intensidad de tu enojo disminuye. (Tal vez la rabia y la hostilidad se vean reemplazadas por una leve frustración o irritabilidad). Además, esto ayuda a reducir la soberbia pecaminosa y a propiciar el perdón cuando sea necesario.

Otro aspecto clave para manejar con sabiduría tu enojo es aprender a empatizar con el punto de vista de los demás. Junto con las preguntas que Craig te exhortó a considerar, también es importante que consideres cuál es el punto de vista de la otra persona. Esto requiere estar listo para escuchar y no apresurarse a hablar para poder comprender los pensamientos, los sentimientos y las experiencias del otro. Muchos reaccionan emocionalmente de forma exagerada. Al hacerlo, se empeñan en demostrar su propio punto de vista, pueden interrumpir a los demás y no los escuchan. Es conveniente dejar de lado las necesidades e ideas propias durante el tiempo necesario para escuchar el punto de vista de la otra persona. Presta atención a sus pensamientos y sentimientos con el deseo auténtico de comprenderla. Al hacerlo, descubrirás el poder de la empatía y cómo puede reducir e incluso disipar tu enojo.

ACEPTAR LO QUE PUEDES CONTROLAR Y LO QUE NO PUEDES CONTROLAR

Una parte importante del manejo del enojo es aceptar lo que no puedes controlar y centrar tus esfuerzos en lo que sí puedes controlar. La emoción opuesta a la ira es la serenidad, el estado de la calma y la paz. Para quienes luchan con emociones fuertes, citar un fragmento de la oración de la serenidad puede ser muy beneficioso:

Señor, concédeme serenidad para aceptar
todo aquello que no puedo cambiar,
valor para cambiar lo que soy capaz de cambiar,
y sabiduría para entender la diferencia.

En momentos de enojo, orar esta plegaria puede ser un recordatorio útil de que no puedes controlar muchos de los acontecimientos de la vida, incluidos los pensamientos y los comportamientos de otras personas, pero sí puedes controlar los tuyos.

MANTENERSE SERENO Y PRACTICAR EL AUTOCONTROL

Vivir sin enojarse puede ser difícil, pero es posible mantener la serenidad y controlar las emociones. *Mantenerse sereno* implica controlar los impulsos emocionales mediante un esfuerzo volitivo y la creación de hábitos.

Que te sientas justificado para reaccionar con agresividad no significa que debas hacerlo. Un componente importante para tener éxito en operaciones militares especiales de alta intensidad es poder mantenerse sereno y no reaccionar impulsivamente, incluso cuando uno se sienta tentado a hacerlo debido al rencor o la ira. Dedicar un momento a visualizarte sereno y en control te ayuda a ser la mejor versión de ti mismo en situaciones difíciles y estresantes (sobre todo cuando ves la injusticia, el maltrato y la desigualdad).

EXPRESARSE DE MANERA ASERTIVA Y RESPETUOSA

Independientemente de la situación y de cómo respondan los demás, es imprescindible que tengas dominio de la forma en que te expresas. Expresarse de manera asertiva y respetuosa requiere un código de conducta específico. Que el enojo sea destructivo o instructivo depende de lo que hagas con él, sobre todo en lo que respecta a cuándo y cómo te expresas.

Aquí tienes un resumen con recomendaciones sobre cómo expresarte cuando estás enojado.

NO	SÍ
• No grites ni utilices un tono demasiado agresivo. • No descalifiques a la otra persona con etiquetas despectivas (imbécil, vago, despreocupado, egoísta, etc.). • No hables por la otra persona ni le digas cómo debe pensar ni qué debe sentir. • No interrumpas a la otra persona mientras habla. • No tardes más de un minuto en expresar tus pensamientos y preocupaciones. (Sé breve, limítate a un minuto). • No des por sentado lo que la otra persona piensa o siente. (Pregúntale, no supongas nada). • No pongas en tela de juicio los pensamientos y sentimientos de la otra persona ni los juzgues, pues esto solo provoca una actitud defensiva y evasiva. • No insultes ni uses un lenguaje obsceno. • No reacciones impulsivamente con enojo; haz una pausa y piensa en cómo actuar para poner de manifiesto la mejor versión de ti mismo.	• Haz una pausa de dos o tres minutos si la ira influye demasiado en tus reacciones. (Todo el mundo puede pedir una pausa en cualquier momento). Se pueden pedir tantas pausas como se necesiten, pero no utilizarlas como una forma de controlar o manipular la situación. • Escucha con atención y asegúrate de entender. (Antes de hablar, repítele a la persona lo que entendiste y permítele que te corrija). • Da por válido lo que siente la otra persona. (Reconoce la emoción que está expresando. No tienes que estar de acuerdo con ella, pero es importante que confirmes que entiendes lo que la otra persona dice y siente). • Acepta los desacuerdos. Dos o más personas pueden tener formas diferentes de pensar sobre un mismo tema. Los desacuerdos son aceptables. • Expresa lo que realmente valoras de la otra persona y reconoce cuando demuestre que te escucha y se esfuerza por comprender. • Busca formas de llegar a un acuerdo. Debes identificar qué es lo más y lo menos importante para ti.

LA MEJOR VERSIÓN DE TI MISMO

El enojo puede ser una reacción normal y común ante los factores estresantes y los retos de la vida, al igual que las formas leves y transitorias de irritabilidad y frustración, y los períodos más intensos de amargura y rabia arrogantes. Cuanto más frecuente e intenso sea tu enojo, más probable es que estés actuando de forma pecaminosa y destructiva contigo mismo y con los demás.

Es importante que te propongas controlar tu enojo. Al hacerlo, te acercas más a ser la mejor versión de ti mismo y a mantener un código de conducta según el plan de Dios para tu vida.

PREGUNTAS PARA REFLEXIONAR

1. En una escala del uno al diez (donde uno es muy pocas veces y diez es regularmente), ¿cómo calificarías tu nivel de enojo diario? Argumenta tu respuesta.

2. Ya que la historia de Jesús cuando desalojó el templo aparece en los cuatro Evangelios, ¿por qué crees que sería tan importante para Dios que comprendiéramos bien la ira y el propósito de Cristo, sobre todo el concepto de «volcar las mesas, no a las personas»?

3. Considera las cuatro preguntas personales relacionadas con evitar apresurarse, identificar de dónde viene el enojo, no permitir que controle nuestra reacción y dejarlo en manos de Dios. ¿Hay alguna de ellas a la que debas prestarle especial atención? Argumenta tu respuesta.

4. Según el fenómeno del «iceberg del enojo», ¿de qué manera podría serte útil aprender a analizar las emociones primarias que impulsan tu enojo?

5. Según lo aprendido en Salmos 109 sobre la vida de David, ¿en qué medida hablar honestamente con Dios acerca de tu enojo puede transformar tu vida y hacerla más pacífica?

DIARIO

PARTE 6

EL TRAUMA

6.1

INTRODUCCIÓN

De pequeño, sobreviví a varios accidentes automovilísticos. En todos ellos, iba en el lado del pasajero del vehículo.

Como las leyes estatales sobre el cinturón de seguridad no empezaron a aprobarse hasta mediados del año 1980, crecí en una época en la que la gente no lo usaba, nunca. Por aquel entonces, la gente metía a sus hijos en la parte trasera del auto, quizás con unos pastelitos y una pizarra mágica, de las llamadas Etch A Sketch (precursor analógico del iPad). Cuando ibas en el asiento delantero y tu mamá tenía que frenar de golpe, lo único que evitaba que te golpearas contra el tablero de instrumentos era su brazo extendido. Es difícil de creer, pero los padres normales que amaban a sus hijos a menudo montaban a todo un equipo de béisbol de la liga infantil en la parte trasera de una camioneta y conducían a unos 110 km (70 millas) por hora en la autopista. Los demás conductores pasaban junto a la camioneta y la veían llena de adolescentes bromistas, sin darle importancia.

Después de sobrevivir a varios accidentes automovilísticos espantosos en la infancia, volvió a ocurrirme cuando tenía dieciséis años. Iba en el lado del pasajero de una camioneta cuyo propietario y conductor novato era un amigo de dieciséis años, lleno de testosterona. Íbamos extremadamente rápido y nos acercábamos a una señal de alto antes de cruzar una autopista de dos carriles. En ese momento, mi amigo se inclinó hacia mí con esa mirada de «soy la persona más loca que has conocido en tus dieciséis años» y gritó: «¡Mira esto!» mientras pisaba a fondo el acelerador para cruzar la autopista sin mirar siquiera a los autos que circulaban por ella.

Una pésima idea.

El tiempo pareció detenerse durante un segundo aterrador.

Fue entonces cuando vi mi peor pesadilla.

Era un todoterreno, una Dodge Ramcharger celeste de mediados de los 80 cuyo conductor nunca nos vio venir. Aunque el accidente se produjo en cuestión de segundos, nunca olvidaré la expresión de pánico en los ojos del conductor mientras intentaba proteger con su brazo derecho a la anciana sentada a su lado.

El todoterreno iba directamente contra mi puerta lateral, y estaba seguro de que mi vida había terminado. Muerto a los dieciséis años, sin baile de graduación ni universidad ni matrimonio ni hijos. Es decir, sin futuro, sin ninguna oportunidad.

El conductor debió frenar lo suficiente para no chocar directamente contra mi puerta y se proyectó contra la parte media de la camioneta, a escasos centímetros detrás de mí. El impacto nos hizo dar tres vueltas y media (lo supimos después) antes de caer en una zanja.

Como es obvio, sobreviví, y afortunadamente todos los demás también. Sin embargo, el recuerdo de lo ocurrido aún me atormenta.

Aunque a la gente le cueste entenderlo, hasta el día de hoy me aterroriza viajar en el asiento del pasajero. Sentado allí, sin ningún control sobre el vehículo, me siento como si estuviera en una trampa mortal de hojalata. Cada vez que el conductor se incorpora al tráfico, cambia de carril en una autopista o adelanta a un camión de carga pesada, me late con fuerza el corazón, me sudan las manos y pienso lo peor. Lo que la mayoría de la gente ve como un paseo con los amigos, para mí es una amenaza inminente.

Entonces, como nunca quiero ser un pasajero sin control, me convierto en un acompañante incómodo en el asiento delantero. Me aterroriza tanto la idea de morir en un accidente que suelo intentar tomar el volante para corregir los posibles errores que pueda cometer el conductor.

Créeme, lo sé: eso es un problema.

No es que desconfíe de todos los que viajan conmigo, ni que tenga demasiado miedo a morir, no es eso. Soy un piloto certificado para volar en condiciones de baja visibilidad y mal tiempo y he pilotado todo tipo de aviones en situaciones de alto riesgo. Cuando entrenaba para sacar la licencia de piloto, mi instructor me decía que volaba como un piloto de caza del filme *Top Gun*. (Sin embargo, ponme al volante de un auto y me convierto en un abuelo precavido. Al escribir estas líneas, tengo más de cincuenta años y nunca me han multado por exceso de velocidad ni he tenido un accidente. ¿Por qué? ¿Porque soy un ciudadano concienzudo y respetuoso de la ley?

No.

Se debe a que estoy traumatizado.

Por un suceso que ocurrió en una fracción de segundo a los dieciséis años.

Quiero detenerme aquí y reconocer que mi trauma puede no ser tan grave como el tuyo. Lamentablemente, es posible que hayas pasado por algo horrendo en tu vida. No obstante, según me ha aconsejado Dr. C.: «Aunque es tentador hacerlo, no resulta útil comparar tu trauma con el de otra persona, pero siempre es útil buscar a Dios para encontrar el crecimiento y la sanidad para tu trauma».

Entonces, ¿qué tal si acudimos a Dios para encontrar sanidad para nuestros traumas?

Tal vez no oigas a mucha gente profundizar en este asunto, y casi seguro que no lo escuchas en la iglesia. Sin embargo, aunque posiblemente no conozcas a fondo el tema, puede que estés sufriendo debido a algún tipo de prueba, abuso o angustia que has experimentado y que te acompaña hasta el día de hoy.

Así que, antes de seguir adelante, definamos qué es un trauma.

Trauma es la palabra griega para «herida». Muchos grandes hospitales y servicios de urgencias tienen un centro de traumatología donde se tratan las heridas físicas causadas principalmente por accidentes y delitos. En el ámbito de la salud mental, el trauma psicológico es «una respuesta emocional persistente y debilitante a un acontecimiento doloroso o angustiante».[1]

El trauma implica la combinación del suceso que viviste y el modo en que lo afrontaste y te afectó. Por ejemplo, dos niños pueden crecer en una familia extremadamente disfuncional y, sin embargo, solo uno sufre un trauma. Aunque la exposición a situaciones específicas puede aumentar el riesgo de sufrir un trauma, lo determinante es la forma en que la persona experimenta y responde al suceso.

Desgraciadamente, vivir en un mundo pecaminoso conlleva experimentar sucesos traumáticos. Según un estudio, más del 80 % de los estadounidenses afirma haber sufrido al menos uno, y cerca del 30 % ha experimentado cuatro o más. Más de la mitad de estos sucesos consisten en:

- presenciar una muerte o una lesión grave,
- la muerte inesperada de un ser querido,
- sufrir un asalto o una violación,
- sufrir un accidente automovilístico donde la vida estuvo en riesgo,
- sufrir una enfermedad o lesión potencialmente mortal.[2]

Aunque a veces uno mismo puede provocarse un trauma por sus propias decisiones (como manipular con negligencia un arma de fuego cargada o acelerar de forma imprudente en una señal de pare), la mayoría de los traumas nos los provocan otras personas; o son el resultado de desastres naturales o catástrofes provocadas por los seres humanos. Por ejemplo:

- acoso escolar,
- acoso y la intimidación,
- abuso sexual (físico o psicológico),
- agresiones sexuales,
- colisiones de tráfico,
- el parto,
- una enfermedad potencialmente mortal,
- pérdida repentina de un ser querido,
- sufrir una agresión o un secuestro,
- hechos de violencia física,
- desastres naturales (huracanes, tornados, terremotos) y
- la guerra.[3]

En 2020, el estudio del Grupo Barna sobre el trauma mostró que:

- 40 % de los traumas de los cristianos practicantes se debió a la muerte de un ser querido.
- 33 % se debió a la traición de alguien en quien confiaban.
- 21 % se debió a abusos.[4]

Una experiencia traumática puede socavar la confianza de alguien en el mundo, en otras personas e incluso en Dios.

Al intentar seguir adelante, puede resultarte difícil sobrellevar la situación. Tal vez tengas recuerdos abrumadores e intrusivos, pesadillas o escenas retrospectivas que aparecen de repente y desencadenan en ti emociones negativas. El trauma puede influir en cómo percibes a las personas que conoces y los lugares a los que vas; y paralizarte y hacerte sentir amenazado a cada paso.

Para algunos, las consecuencias del trauma duran poco tiempo; sin embargo, para otros, perduran toda la vida. En realidad, los estudios han demostrado que incidentes traumáticos pueden afectar negativamente no solo a la persona que los sufre, sino también a sus hijos e incluso a sus nietos.

Un estudio, publicado en 2015, se centró en tres generaciones de familias de Ucrania. En relación con la hambruna masiva de millones de ucranianos soviéticos entre 1932 y 1933, el estudio afirma: «Cada generación parecía aprender de la anterior, y los supervivientes decían a sus hijos: "No confíen en los demás, no confíen en el mundo"».[5]

Más allá del origen de tu trauma, si estás sufriendo, Dios quiere ayudarte. Para buscar su sanidad, puede ser beneficioso que entiendas concretamente de qué te está sanando. Por lo tanto, si estás dispuesto, avancemos poco a poco y confiemos en que Dios comenzará a obrar como solo él puede hacerlo.

Resulta conveniente ver los sucesos que causan el trauma en un espectro. En un extremo se ubican las experiencias graves que ponen en peligro la vida, como la guerra, las violaciones y los accidentes laborales, y en el otro, los acontecimientos que no ponen en peligro la vida, como el acoso escolar grave o la negligencia emocional en la infancia. Cuanto más grave es el suceso, mayor es el riesgo de sufrir un trauma. Sin embargo, incluso los sucesos que no ponen en peligro la vida pueden provocar síntomas persistentes e incapacitantes.

Los expertos han identificado tres tipos de situaciones traumáticas:

1. *Trauma agudo.* Es el resultado de un acontecimiento puntual. Tal vez la persona sufrió un aborto espontáneo, tuvo un grave accidente automovilístico, se quedó sin hogar a causa de un tornado o perdió su negocio.
2. *Trauma crónico.* Son las secuelas de sucesos de larga duración, o que se repiten en el tiempo. Por ejemplo, es posible que la persona haya soportado años de intensa humillación debido al acoso escolar o al racismo, o que haya crecido en un hogar donde la violencia doméstica y los abusos verbales eran comunes.
3. *Trauma complejo.* Se produce en respuesta a la suma de diferentes tipos de sucesos traumáticos durante tu vida. Tal vez la persona sufrió abusos físicos o emocionales mientras crecía con un padre alcohólico; o presenció la muerte de un familiar debido a la violencia de bandas criminales o el

consumo de drogas y luego se casó con alguien que abusó de ella física o verbalmente.[6]

Si has experimentado algún suceso traumático, ¿cuáles han sido sus efectos? ¿Cómo ha influido en tu vida? Tal vez te has visto en alguna de las siguientes situaciones:

- Sufriste abusos físicos por parte de uno de tus padres y te resulta casi imposible confiar en nadie.
- Alguien entró en tu casa y a partir de entonces perdiste tu sensación de seguridad.
- Fuiste testigo de un horrible acto de violencia y ahora nunca te sientes realmente tranquilo.
- Te humillaron y te discriminaron y ahora sientes una rabia y una desconfianza constantes.
- Creciste con una discapacidad física que te causó limitaciones y te convirtió en el blanco permanente de las bromas de los demás.
- Fuiste víctima de violencia doméstica y ahora te preguntas por qué no puedes controlar tus arrebatos de ira hacia los demás o el miedo a establecer relaciones.

No importa el tipo de trauma que hayas sufrido, los traumas te cambian.[7]

¿Qué has sufrido y cómo te ha afectado?

¿En qué áreas ves que el trauma influye hoy en tu vida? ¿Qué factores desencadenantes te perturban?

¿Te resulta difícil o casi imposible confiar en la gente?

Respecto a Dios, ¿te sientes decepcionado, enojado o distante porque estás casi seguro de no poder confiar en él después de lo que te ha hecho pasar?

¿Tienes miedos irracionales, como a quedarte solo en casa, a conocer gente nueva o a conducir de noche?

¿Sientes pánico cada vez que tu jefe o alguien en una posición de autoridad quiere hablar contigo?

A mí se me contrae la mandíbula y se me acelera el corazón cada vez que tengo que subirme al asiento del pasajero de un auto.

Entonces, ¿qué hacemos con nuestros traumas?

Vamos a aprender de alguien que podría ser una sorpresa para ti.

6.2

PABLO, ¿EL APÓSTOL DE QUIENES HAN SUFRIDO TRAUMAS?

La historia de la conversión del apóstol Pablo es asombrosa. Pasó de ejecutar a personas que creían en Jesús a fundar iglesias para Jesús, escribir más de la mitad del Nuevo Testamento y llevar el evangelio a personas por toda la cuenca del Mediterráneo oriental. Probablemente nunca hayas visto a Pablo como alguien que sufrió muchos traumas, pero así fue.

¿Qué tipo de trauma sufrió Pablo?

Algunos de sus traumas se los provocó él mismo. Antes de convertirse en seguidor de Jesús, Pablo (entonces Saulo) estuvo presente en la lapidación de Esteban. «Los acusadores encargaron sus mantos a un joven llamado Saulo [...]. Y Saulo estaba allí, aprobando la muerte de Esteban» (Hch 7:58; 8:1).

Debió ser una experiencia traumática.

Pablo persiguió a los cristianos: «Perseguí a muerte a los seguidores de este Camino; arresté y encarcelé a hombres y mujeres por igual» (Hch 22:4).

Esto también es traumático.

Perseguir a los cristianos traumatizó profundamente a Pablo. Más tarde escribió a sus amigos de Corinto: «Admito que yo soy el más insignificante de los apóstoles y que ni siquiera merezco ser llamado apóstol, porque perseguí a la iglesia de Dios» (1 Co 15:9). Y también a su discípulo en el ministerio, Timoteo: «Anteriormente, yo era un blasfemo, un perseguidor y un insolente [...]. Cristo Jesús vino al mundo a salvar a los pecadores, de los cuales yo soy el primero» (1 Ti 1:13, 15).

Gran parte de los traumas de Pablo se los provocaron otras personas. Tuvo una experiencia traumática de conversión cuando una luz brillante lo dejó ciego (Hch 9). Durante tres días completos, no pudo ver nada y no tenía ninguna esperanza de volver a ver. Después de que Dios le hizo recobrar la vista, escribió sobre su mala visión y su necesidad de escribir con letras grandes (Gá 6:11) y sobre cómo sus amigos se habrían sacado los ojos para dárselos y ayudarlo (Gá 4:13-15).

Algo traumático, ¿cierto?

Como cristiano, tuvo que huir de ciudades donde la gente conspiraba contra él e intentaba matarlo. (Antioquía de Pisidia en Hechos 13:50-51; Iconio en 14:2, 5-6; Berea en 17:13-14; Corinto en 18:6, 12-17, y Jerusalén en 21:27-36 y 23:12-25). Imagina cómo se sentiría. Hoy, cualquiera puede enojarse y salir furioso de un restaurante si un camarero lo trata mal. ¿Cómo te sentirías tú si tuvieras que huir una y otra vez para salvar tu vida porque hay personas que te atacan constantemente para matarte?

Sin duda, son experiencias traumáticas.

En Listra lo apedrearon y lo dieron por muerto (Hch 14:19). En Filipos una turba lo atacó y lo desnudaron, lo azotaron y lo encarcelaron (Hch 16:22-24) y en Damasco escapó de la muerte porque lo bajaron en un canasto por una ventana de la muralla (2 Co 11:32-33).

Eso es traumático.

Así escribió sobre otra experiencia: «Nuestro cuerpo no tuvo ningún descanso, nos vimos acosados por todas partes: conflictos por fuera, temores por dentro» (2 Co 7:5).

Pablo pasó por muchas cosas.

¿Qué hizo con sus traumas?

¿Y qué deberíamos hacer nosotros con los nuestros?

Desde luego, no queremos pasar el resto de la vida prisioneros de lo que nos ocurrió en el pasado. Con la ayuda de Dios, queremos avanzar hacia el futuro con salud y plenitud, con fe y confianza.

Entonces, ¿qué hacemos con nuestros traumas?

A partir del ejemplo de Pablo, te sugeriré tres cosas:

- Hacer frente al dolor.
- Aferrarnos a Dios en oración.
- Perseguir un propósito.

6.3

HACEMOS FRENTE AL DOLOR DE NUESTRO TRAUMA

Muchas personas nunca hacen frente al dolor de sus traumas, sino que a menudo intentan ignorarlo. Entierran el dolor, lo suprimen.

Tal vez lo hayas intentado.

No funciona, ¿verdad?

¿Por qué?

Porque no puedes sanar de una herida que ignoras.

El psiquiatra Scott Peck afirma: «La salud mental es un proceso continuo de compromiso con la realidad a toda costa».[1] Sanar las heridas requiere ser honesto con nosotros mismos respecto a lo que nos ha pasado.

Sin embargo, no queremos mirar atrás porque lo que nos pasó fue doloroso, y tememos que afrontarlo solo exacerbará el dolor. Por otro lado, tratar de suprimirlas no las alivia, solo elimina la posibilidad de sanar.

Cuando pretendemos ignorar el dolor y este no desaparece, nos sentimos desesperados y podemos recurrir a algo más, a menudo autodestructivo, para encubrir lo que estamos eludiendo.

El renombrado psicólogo Carl Jung señaló que la neurosis (un problema que indica un trastorno mental y emocional) no es más que un sustituto del sufrimiento legítimo.[2] ¿A qué se refería? La cuestión es que podemos sentir que algo de nuestro pasado es demasiado doloroso para afrontarlo, así que lo reprimimos. No obstante, bajo la superficie, tiende a volverse aún más nocivo y se convierte en neurosis.

Entonces, no hacemos frente a nuestro dolor, sino que reprimimos la experiencia y guardamos nuestras heridas en un armario en lugar de hablar de ellas con otras personas. El problema es que no estamos sanos y no sanamos aislados; sanamos mejor cuando estamos en comunidad.

Sin embargo, en lugar de buscar la comunicación, damos prioridad a la protección. Es normal, porque los sucesos traumáticos nos asustan y nos hacen levantar barreras para protegernos. Brené Brown, profesora y autora que investiga el trauma, explica: «Nuestra capacidad de ser vulnerables es la principal víctima del trauma».[3]

En lugar de hablar sobre nuestro trauma con personas de confianza, tratamos de sepultar el dolor y nos alejamos de los demás. Esta es una buena estrategia si quieres quedarte atascado y seguir dejando que tu trauma te domine. El psicoanalista Robert Stolorow explica que el trauma a menudo perdura porque «el dolor emocional intenso no encuentra un vínculo donde pueda ser reconocido, validado y contenido».[4]

En cambio, si quieres aliviar tu trauma y renovar tu vida, acude a tus amigos de confianza. Esa es una de las razones por las que Dios los puso junto a ti. Proverbios 17:17: «En todo tiempo ama el amigo; para ayudar en la adversidad nació el hermano».

¿Qué hacen los amigos?

Se ayudan «unos a otros a llevar sus cargas» (Gá 6:2).

Nos confesamos unos a otros y oramos «unos por otros para que [seamos] sanados» (Stg 5:16).

Es arriesgado compartir nuestras cargas, dolores y heridas secretas. No obstante, es aún más arriesgado llevarlos a solas.

> **ES ARRIESGADO COMPARTIR NUESTRAS CARGAS, DOLORES Y HERIDAS SECRETAS. NO OBSTANTE, ES AÚN MÁS ARRIESGADO LLEVARLOS A SOLAS.**

Aunque debió parecerle arriesgado, Pablo compartió su trauma con sus amigos.

Podría no haber mencionado que persiguió a cristianos inocentes ni haber contado cómo lo maltrataron y lo acosaron. Quizás sintió la tentación de no decir nada de esto, pues compartir estas historias nos hace sentir demasiado vulnerables y expuestos, y estamos seguros de que a la mayoría de la gente no le importará o no lo entenderá. Además, no queremos que nadie piense que estamos montando un drama o haciéndonos la víctima.

Habría sido más fácil no decir nada, pero en vez de sepultar su dolor, Pablo asumió el riesgo y contó lo que había hecho para herir a otras personas y lo que otras personas hicieron para herirlo a él.

No fingió que no había sucedido; habló y escribió varias veces sobre su trauma. He aquí otro ejemplo de cómo enfrentaba su dolor y lo compartía con sus amigos:

> He trabajado más arduamente, he sido encarcelado más veces, he recibido los azotes más severos, he estado en peligro de muerte repetidas veces. Cinco veces recibí de los judíos los treinta y nueve azotes. Tres veces me golpearon con varas, una vez me apedrearon, tres veces naufragué, y pasé un día y una noche como náufrago en alta mar. Mi vida ha sido un continuo ir y venir de un sitio a otro; en peligros de ríos, peligros de bandidos, peligros de parte de mis compatriotas, peligros a manos de los no judíos, peligros en la ciudad, peligros en el campo, peligros en el mar y peligros de parte de falsos hermanos. He pasado muchos trabajos y fatigas, y muchas veces me he quedado sin dormir, he sufrido hambre y sed. Muchas veces me he quedado en ayunas y he sufrido frío y desnudez. Y como si fuera poco, cada día pesa sobre mí la preocupación por todas las iglesias. (2 Co 11:23-28)

Eso es traumático.

Aunque podrías estar pensando: *Bueno, ¿y si todo eso no fue traumático para Pablo? Tal vez, milagrosamente, no lo afectó como les hubiera ocurrido a otras personas. ¿Quizás Pablo tenía una fuerza sobrehumana como Dwayne «La Roca» Johnson?* (Si piensas eso, puede que estés sobrevalorando a La Roca).

No fue así.

Pablo sí lo sintió.

Y *estaba* traumatizado por ello, como le habría sucedido a cualquier persona.

Ciertamente, escribió: «Hermanos, no queremos que desconozcan las aflicciones que sufrimos en la provincia de Asia. Estábamos tan agobiados bajo tanta presión que hasta perdimos la esperanza de salir con vida» (2 Co 1:8).

Si te han lastimado tan hondo que no estás seguro de querer seguir adelante, debes saber que Pablo experimentó algo parecido. Sentía que aquello era más de lo que podía soportar y, por un momento, pensó que la muerte era el único desenlace posible, y tal vez el mejor. Entonces, sin temor a parecer vulnerable, les dijo a sus amigos que la presión había sido demasiada.

Mientras escribía este capítulo, me comuniqué con un amigo de nuestra iglesia que perdió a un ser querido. Lo llamaré Cole. Si lo hubieras conocido hace varios años, habrías pensado que tenía una vida perfecta. Él habría sido el primero en decirte que estaba lejos de ser perfecto; pero en realidad, aunque tenía mucho éxito en los negocios, se esforzaba por darle prioridad a su matrimonio y al tiempo que pasaba con sus dos hijos.

Para Cole, la vida era buena.

Hasta que dejó de serlo.

La primera tragedia parecía demasiado dura para poder soportarla. En un partido de fútbol americano de la escuela secundaria, su hijo menor murió en el campo de juego en un trágico accidente.

Como padre, perder a un hijo es algo que nunca querrías tener que soportar. Así que Cole y su esposa se enfrentaron a su peor pesadilla. No obstante, gracias a la fe en Jesús, confiaron en Dios e iniciaron el largo camino hacia la sanidad.

Sin embargo, aunque dicen que un rayo nunca cae dos veces en el mismo lugar, en el caso de Cole, sí sucedió.

Es difícil para mí escribir estas palabras porque he visto su dolor de primera mano. Y aunque nadie entenderá nunca por qué, Cole perdió a su segundo hijo (el único que le quedaba) en un accidente automovilístico que no fue culpa de su chico.

Perder un hijo parece un dolor demasiado grande para soportarlo.

Perder a dos podría quebrar la fe incluso de los creyentes más fuertes.

Cole no quiere hablar de su pena y no lo culpo. No obstante, hablamos de ella de todos modos. Y nunca es fácil, en realidad es doloroso. Él trata de contener sus lágrimas y yo trato de contener las mías. Además, nunca siento que digo lo correcto, nunca. Sin embargo, sabemos que esto es lo que hacemos en la familia de Dios. Si nos alegramos juntos, entonces también tenemos que llorar juntos.

Porque no sanamos solos, sanamos mejor en comunidad.

Quiero exhortarte a encontrar un lugar seguro con personas confiables para que hagas frente al dolor de tu trauma.

- Habla con amigos en los que confíes.
- Habla en un grupo pequeño o en un grupo de apoyo.
- Habla con tu pastor.
- O, como Cole, si es particularmente doloroso, háblalo con un profesional, yo sugeriría un terapeuta cristiano, que esté capacitado para ayudarte en el proceso. (Solo un recordatorio: ese es un paso que también di).

Ciertamente no es saludable estar solos, y no sanamos aislados. Entonces, no debemos hacer frente solos al dolor de nuestro trauma, sino con otras personas maduras que puedan ayudarnos a llevar nuestra carga y orar por nosotros para que sanemos.

ACUDIMOS A DIOS EN ORACIÓN CON NUESTRO TRAUMA

Si experimentamos un dolor que viene de nuestro pasado, debemos clamar a Dios. Muchos no lo hacen, y en lugar de acudir a él, lo dejan al margen. Tal vez lo culpen por lo que les pasó, así que no hablan con él de ello. Otros simplemente no tienen el conocimiento de que pueden acudir a Dios para hablar sobre lo que les ha ocurrido en el pasado.

Sin embargo, acudir a Dios es una de las maneras en que alcanzamos la sanidad. Llevamos ante él las penas que nos afligen y, con el tiempo, él sana nuestro corazón herido.

En la Escritura, vemos cómo Pablo lleva sus penas una y otra vez ante Dios. Un ejemplo de ello es la forma en que afrontó una dolencia física. Escribe: «Una espina me fue clavada en el cuerpo, es decir, un mensajero de Satanás, para que me atormentara» (2 Co 12:7).

Más traumas para Pablo.

Tal vez tengas alguna espina que te atormente en la carne. Esta puede ser de tipo físico, como las migrañas constantes producto de un grave accidente o los síntomas de un trastorno autoinmune; o de tipo mental, como la ansiedad o el estrés que te paraliza cada vez que tu trauma se activa. Tu espina puede ser una relación tensa o difícil con un familiar o una persona de confianza; o el tener que enfrentarte a un entorno laboral o escolar adverso. Quizás tengas que atender a unos padres mayores o tratar con un adolescente problemático, o ambas cosas.

¿Qué hacer en esos casos?

Debes aferrarte a Dios en oración.

Pablo escribe: «Tres veces le rogué al Señor que me la quitara; pero él me dijo: "Te basta con mi gracia, pues mi poder se perfecciona en la debilidad". Por lo tanto, gustosamente presumiré más bien de mis debilidades, para que permanezca sobre mí el poder de Cristo. Por eso me regocijo en debilidades, insultos, privaciones, persecuciones y dificultades que sufro por Cristo; porque, cuando soy débil, entonces soy fuerte» (vv. 8-10).

Pablo oró una y otra vez. Tres veces le rogó a Dios. Muchos estudiosos consideran que esto no significa que Pablo orara tres plegarias rápidas con este fin, sino que oró de manera intensa, devota y constante durante tres temporadas.

¿Notaste que no culpó a Dios por la espina? En lugar de eso, llevó su problema ante Dios y le rogó que se lo quitara.

Tú también puedes llevar tu espina ante Dios y suplicarle que te la quite, y puedes hacerlo una segunda y una tercera vez. Sé tan honesto como puedas: «Dios, no lo entiendo; si me amas, ¿por qué permitiste que esto me sucediera? Podrías haberlo evitado, podrías haberme quitado esto. Dios, no sé qué hacer, por favor, sáname». Sé completamente sincero con él respecto a cómo te sientes. Él puede solucionarlo. Deposita en él toda tu ansiedad, porque él cuida de ti (1 P 5:7).

Eso es lo que hizo Pablo.

Tal vez ores y le pidas a Dios que te quite la espina y sane tu herida, y es posible que él lo haga. Puede ser un proceso que tome algún tiempo, o puedes sanar inmediatamente, a veces sucede así.

Sin embargo, eso no fue lo que ocurrió con Pablo, y contigo puede ser igual.

Aunque Dios no le quitó la espina, acudir a él le permitió a Pablo ver su sufrimiento desde una perspectiva totalmente diferente.

Pablo comprendió que:

- la gracia de Dios era mayor que su espina,
- el poder de Dios podía ayudarlo a sobrellevar la pena que lo afligía,
- Dios podía incluso convertir sus debilidades en fortalezas.

Pablo acudió a Dios en oración, y Dios le brindó generosamente su gracia, más fe y su amor incondicional. Al aferrarse a Dios, finalmente experimentó la sanidad de su trauma. No la sanidad que Pablo quería, sino la que Dios sabía que necesitaba.

Mi hermana, Lisa (sobre la que he escrito en otros libros), sufrió siete años infernales de abusos desde sexto grado hasta el último año de la escuela secundaria. Su profesor «de confianza» de sexto grado (al que llamaré Max) la preparó, con paciencia y malicia premeditada, a ella y a otras niñas antes de abusar sexualmente de ellas.

Como puedes imaginar, me tomó años sanar de la rabia que sentí hacia ese monstruo que lastimó a tantas niñas. Sin embargo, ver cómo Dios obraba en la vida de mi hermana fue uno de los mayores milagros que he presenciado.

No fue fácil ni rápido, y no fue algo por lo que quisiera que nadie más pasara. No obstante, con la ayuda de terapeutas, mucho esfuerzo y más oración de la que puedas imaginar, Lisa está hoy felizmente casada y es madre de cuatro niños maravillosos. Al hacer frente a su dolor y procesarlo con profesionales y amigos cariñosos, y al llevarlo constantemente ante Dios, ya no es rehén de su pasado.

En tu caso podría ser igual. Nada puede cambiar tu pasado, pero Dios puede sanar tu corazón herido. De hecho, se nos ha prometido: «El Señor está cerca de los quebrantados de corazón, y salva a los de espíritu abatido» (Sal 34:18).

Sea cual sea el trauma por el que hayas pasado, habla de tu dolor con personas de confianza y acude a Dios en oración.

Él te ama.

Su gracia te basta.

NADA PUEDE CAMBIAR TU PASADO, PERO DIOS PUEDE SANAR TU CORAZÓN HERIDO.

Él está dispuesto a caminar a tu lado, sanar las heridas de tu pasado y ayudarte a avanzar hacia un futuro mejor.

Presta atención a la última frase: un futuro *mejor*.

Porque, aunque sea difícil de creer en este momento, Dios no solo puede sanar tu trauma, sino que incluso puede hacer que algo bueno resulte de él.

6.5

BUSCAMOS UN PROPÓSITO EN NUESTRO TRAUMA

Dudo en escribir esto, porque sé que, si tu dolor es grande, tal vez no me creas. En verdad, es posible que aún no estés preparado para escucharlo, podría ser demasiado pronto. No obstante...

Cuando encontramos sanidad en Dios, él puede redimir nuestro trauma para que cumpla un propósito en nuestra vida y traiga gloria a su nombre.

Así lo vemos en Pablo, cuando encontró un propósito en su dolor.

Señaló que sus dificultades hicieron que dependiera más de Dios. «En lugar de confiar en nuestras propias fuerzas o en nuestro ingenio para salir de aquello, nos vimos obligados a confiar totalmente en Dios» (2 Co 1:9, MSG).

Pablo también sabía que pasar por esas dificultades lo preparaba mejor para ministrar a otros que también enfrentaban dificultades. «Bendito sea el Dios y Padre de nuestro Señor Jesucristo, Padre misericordioso y Dios de toda consolación, quien nos consuela en todas nuestras tribulaciones para que, con el mismo consuelo que de Dios hemos recibido, también nosotros podamos consolar a todos los que sufren» (vv. 3-4).

Además, creía que el sufrimiento lo preparaba para el cielo y que serviría para glorificar a Dios. «Pues los sufrimientos ligeros y efímeros que ahora padecemos producen una gloria eterna que vale muchísimo más que todo sufrimiento» (4:17).

Cada vez que Pablo hablaba abiertamente de su vida anterior, cuando perseguía a los seguidores de Jesús, hablaba del ministerio que Dios le había encomendado: compartir a Jesús con los no creyentes. La gracia extraordinariamente poderosa que recibió le permitió compartir con poder esa misma gracia con los demás.

Pude apreciar esto en la vida de mi hermana. Después de años de terapia y oración, Lisa no solo fue capaz de perdonar a Max y seguir adelante con una vida adulta sana, productiva y que honra a Dios, sino que también Dios la ayudó a convertir su sufrimiento en ministerio. Ahora, en lugar de atormentarse por su doloroso pasado, ha abrazado con pasión el propósito de ayudar a las víctimas de abusos similares. Incluso sonríe con satisfacción divina al explicar cómo Dios utiliza el dolor de su pasado para que otros encuentren la sanidad.

¿Y qué me dices de ti?

¿Cómo puede Dios hacer que nazca un propósito de tu dolor, un ministerio de tu sufrimiento? ¿Cómo puede tu trauma convertirse en tu testimonio?

Tal vez:

- Tu cónyuge te abandonó y enfrentaste un divorcio doloroso, pero acudir a Dios te trajo sanidad, y ahora puedes ayudar a otras personas que han tenido una experiencia similar.
- Pasaste tu juventud en rebeldía contra Dios, y ahora, en lugar de que te avergüences de ello, él quiere que compartas el mensaje de su gracia salvadora con otros que huyen de él.
- Estabas tan abatido, tan desesperado y sin esperanzas que intentaste quitarte la vida. Sin embargo, Dios intervino y te ayudó a encontrar nueva vida en él. Ahora puedes ayudar a otros a no cometer el trágico error que casi te destroza.
- De pequeño sufriste abusos, pero pasaste por un proceso de recuperación y ahora Dios quiere que guíes a otras personas mientras se recuperan de abusos similares o adicciones.

Para ser claros, lo que te sucedió no está bien, estuvo mal, no hay duda de ello. Y tal vez todavía no estés bien; eso es normal.

Sin embargo, no tienes por qué seguir empantanado en el lodo y el sufrimiento de tu pasado.

A continuación, Dr. C. compartirá contigo algunas de sus reflexiones, pero cuando me preparaba para hablar y escribir sobre el trauma, le pregunté: «Hay tantas personas que han sufrido tanto. ¿Qué les digo?».

Dr. C. respondió: «No les digas solamente que pueden sanar. Diles que el trauma personal puede transformarlos en una versión más fuerte y resistente de sí mismos».

Sé que puede ser difícil escuchar esto, y aún más difícil creerlo. Lo sé porque me han hecho daño. A lo largo de más de tres décadas en el ministerio, me han lastimado, decepcionado y traicionado una y otra vez. Es doloroso, y todavía llevo conmigo esas heridas.

El primer momento de profundo dolor llegó cuando mi mejor amigo y mentor personal se quitó la vida. Nuestra última conversación no había sido buena, y celebré su ceremonia fúnebre con un dolor tan inmenso que me resultaba insoportable.

Luego lastimé a mi pastor, que esperaba que me hiciera cargo de su iglesia algún día. Cuando le dije que me iba para fundar Life.Church, sentí que había dañado nuestra relación para siempre.

Después vino el dolor de fundar una iglesia. Amigos íntimos llegaron; amigos íntimos se fueron.

Además está el constante dolor personal del liderazgo. Siempre afirmo: «Si no estoy sufriendo, no estoy liderando».

Y luego vienen los rumores, las mentiras y las críticas habituales que tiene que soportar todo aquel que esté en un puesto de liderazgo. Estas cosas, aunque formen parte del oficio, nunca son agradables. Así es, somos pastores, y en muchas ocasiones he oído decir a otros en mi profesión que las ovejas pueden embestir; y a veces golpean fuerte.

También recibí amenazas de muerte creíbles; y un individuo vino a la iglesia con la intención de matarme. No fue nada agradable tener que mantenerme alerta y aumentar el monto de mi seguro de vida para que mi familia estuviera más protegida, por si acaso. Luego, cuando un grupo peligroso amenazó con hacer daño a mis hijos, simplemente tuve la intención de marcharme.

Todos estos ejemplos son de otras personas que me causaron dolor. No obstante, de lo que más me arrepiento es de mis propios errores. No siempre acierto; en realidad, a menudo hago las cosas mal. He herido a personas y las he decepcionado, y algunas de ellas se han alejado de Dios. Eso me duele de una manera que nunca podría describir adecuadamente.

¿Y entonces qué hago?

Busco a Jesús; siempre lo hago, incluso cuando no tengo ganas de hacerlo.

Hago frente al dolor de mi trauma.

Acudo a Dios en oración con mi trauma

Busco un propósito en mi trauma.

Y experimento la sanidad de Dios.

Y me vuelvo más fuerte.

Recuerda lo que Pablo, el apóstol de quienes han sufrido traumas, nos dice en Romanos 8:28: «Sabemos que Dios dispone todas las cosas para el bien de quienes lo aman, los que han sido llamados de acuerdo con su propósito».

Dios promete que dispone «todas las cosas» para nuestro bien, incluso los momentos más difíciles, los recuerdos más dolorosos; en todas las cosas Dios obra para nuestro bien.

No pasa por alto tu dolor.

Tu sufrimiento no le es indiferente.

Dios obra para tu bien final incluso en aquellas cosas que ahora duelen tanto.

¿Por qué?

Porque te ama, tú lo amas y te ha llamado para un propósito. Entonces, mientras encuentras la sanidad, buscas un propósito en tu trauma.

Sé cuánto te ama Dios; por eso me siento obligado a decirte: es posible que tu trauma haya sido o no tu culpa, pero acudir a Dios para sanar es tu responsabilidad.

Las víctimas siguen siendo víctimas.

NO ERES UNA VÍCTIMA. ERES UN VENCEDOR.

Sin embargo, tú no eres una víctima.

Eres un vencedor.

A través de Cristo, que te ama, eres más que un vencedor.

Pues todo hijo de Dios vence a este mundo de maldad, y logramos esa victoria por medio de nuestra fe. ¿Y quién puede ganar esta batalla contra el mundo? Únicamente los que creen que Jesús es el Hijo de Dios. (1 Jn 5:4-5, NTV)

REFLEXIONES DE DR. C.

Por desgracia, es probable que todos lleguemos a experimentar algún tipo de trauma. Si no se trata, el trauma puede derivar en trastornos que afectan la salud mental, como el estrés agudo y los trastornos de estrés postraumático. Por suerte, existen tratamientos eficaces, bíblicamente fundamentados y bien establecidos para ayudarte a ti o a tus seres queridos a sanar de tales trastornos.

También es importante comprender que las heridas no siempre son visibles para la persona que sufre el trauma. Cuando trabajaba con Craig, no siempre reconocía algunos de sus propios traumas.

En su proyección exterior, Craig funciona a un nivel extraordinariamente alto con una vida de fe ejemplar; sin embargo, en su interior y en privado, de vez en cuando sigue enfrentando algunas dificultades. Además, aunque no está en un campo de batalla físico, cada día se sitúa en la vanguardia de la guerra espiritual y se esfuerza por inspirar el corazón y la mente de los demás para que vivan según la voluntad de Dios.

Tal vez, como Craig, estés todos los días en el punto de mira del fuego enemigo, lo que te causaría inevitablemente un trauma. Por eso, es importante que te prepares y aprendas a afrontarlo.

PIEDRAS PRECIOSAS

Vivir un trauma es una experiencia angustiante, caótica y dolorosa, por lo que es útil aprender a poner en práctica las estrategias que aquí llamaremos «piedras preciosas». Una piedra preciosa podría darnos una energía inesperada que nos ayude a seguir adelante cuando estamos agotados. Puede ser escuchar el susurro de la voz de Dios que te da un sentido de dirección. O puede ser alguien que te ofrece un amor y una compasión mucho mayores de lo que podrías imaginar. Los siguientes pasos, acertadamente denominados «piedras preciosas», te ayudarán a poder afrontar y sanar de un trauma. Si bien no hay un orden específico para ellos, todos tienen una base bíblica, están respaldados por la ciencia del comportamiento y son fundamentales en muchos métodos de tratamiento.

DESCANSAR Y RELAJARSE

Cuando se experimenta un trauma, la mente puede reaccionar a los desencadenantes y poner en marcha una serie de reacciones bioquímicas en el sistema límbico que nos preparan para luchar, huir o paralizarnos. Por lo tanto, es importante aprender a ralentizar y calmar el cuerpo para poder pensar de forma clara y racional.

Este paso puede incluir técnicas como la respiración lenta y consciente, la práctica de la atención plena, la meditación frecuente, la relajación muscular progresiva, hábitos saludables de descanso y sueño y la modificación del entorno (olores, imágenes y sonidos) para favorecer la relajación y calmar el cuerpo. Aunque el uso temporal de ansiolíticos y medicamentos recetados para dormir puede ser útil en el momento más álgido del trauma, no se recomiendan para el afrontamiento a largo plazo debido a que pueden crear dependencia.

RECONOCER EL TRAUMA Y ABORDARLO CON OTRAS PERSONAS

Es común que muchas personas adopten una actitud defensiva y eviten lugares, personas o conversaciones que les traigan recuerdos de sucesos traumáticos. Evitar el problema puede ser útil temporalmente cuando intentas conservar tu energía emocional para poder afrontar el día. Sin embargo, para integrar bien la experiencia en tu vida, es necesario que hables de forma deliberada sobre cómo te afectó lo sucedido. Cuando busques un apoyo saludable y provechoso, puedes compartir los síntomas que estás experimentando, así como las circunstancias y los pensamientos que los desencadenan. También puede ser útil que compartas tu interpretación de lo ocurrido: por qué sucedió el trauma y cómo ha afectado tu forma de verte a ti mismo, a los demás y al mundo.

REPLANTEAR Y REFORMULAR

Al reconocer y abordar tu trauma, deberías llegar a la conclusión de que los sucesos no te definen; lo que te define es cómo eliges pensar y responder a esos sucesos. Cada día te da la oportunidad de generar nuevos pensamientos y emociones sobre lo que ocurre hoy y lo sucedido en el pasado. Esto incluye buscar formas de replantearte cómo los sucesos traumáticos, por dolorosos que hayan sido, pueden ayudar a moldear positivamente quién eres y cómo te ves a ti mismo y al mundo.

Una forma eficaz de generar nuevos pensamientos y emociones sobre los sucesos dolorosos es escribir y analizar los pensamientos negativos. Aprender a identificar y abordar estos pensamientos autodestructivos es importante para evaluar y modificar creencias dañinas relacionadas con aspectos clave de la experiencia personal como la seguridad, la confianza, el poder, el control, la autoestima, la intimidad y otras áreas que pueden verse afectadas por experiencias traumáticas. También puede ser beneficioso reformular la experiencia dolorosa desde una perspectiva positiva.

EMPODERAR Y ALENTAR

Aunque no puedas elegir cuándo o cómo experimentas un trauma, siempre puedes elegir cómo afrontarlo. Es alentador darte cuenta que tienes el control de cómo respondes a los sucesos, por dolorosos que sean.

Algunas personas con traumas adoptan una mentalidad de víctimas y piensan que el mundo les debe algo por el acontecimiento negativo que sufrieron. No obstante, si adoptas esa mentalidad, es probable que estés minimizando tu capacidad de crecimiento a través de los retos. Dejar atrás la postura de víctima y adoptar la poderosa actitud del superviviente te ayudará a ver la vida con más esperanza y a confiar en tu capacidad para seguir adelante.

GRATITUD Y GRACIA

Al enfocarte en lo positivo, te centras menos en lo negativo. La gratitud, sobre todo cuando se convierte en un hábito, ayuda a minimizar los patrones mentales y emocionales negativos que a menudo intensifican los síntomas del trauma. La gratitud puede anular la negatividad porque llenas tu mente con pensamientos positivos que te ayudan a reducir la preocupación, el miedo, la ira, la desesperación y la tristeza. Además, la gratitud también te motiva a aprender, crecer, cambiar, mejorar y adaptarte incluso a las situaciones más difíciles.

Este paso también incluye ser compasivo contigo mismo por los errores cometidos, pues a veces el trauma es el resultado de malas decisiones. Además, el dolor del trauma puede llevarte a reaccionar de un modo que no se ajusta a tu forma de ser; puedes atacar y herir a otras personas con lo que dices o haces. Reconocer tus errores con humildad y concederte el perdón puede ayudarte a superar los fuertes sentimientos de culpa y vergüenza, además de abrirte la puerta para buscar el perdón de los demás.

RESISTIR Y ACEPTAR

El trauma puede fortalecerte de formas insospechadas. Es erróneo pensar que vivirlo solo tiene consecuencias negativas. Por el contrario, es a través del trauma que a menudo tomamos plena conciencia de nuestra capacidad para resistir y aceptar situaciones extraordinarias. Aunque el dolor y las dificultades pueden ponerte de rodillas, buscar formas de resistir a menudo te lleva a buscar una fuerza superior a ti mismo. Esa experiencia puede llevarte a encontrar el amor de Dios y la compasión de los demás.

Un aspecto clave del crecimiento es «rebuscar en el barro» de las heridas emocionales para encontrar esas piedras preciosas que te fortalecen de formas insospechadas.

Los sucesos dolorosos no tienen por qué aplastarte. Por el contrario, pueden fortalecerte, como les sucede a los diamantes que se forman bajo una presión enorme. El diamante es venerado no solo por su perfección, sino también por su dureza y su capacidad para atravesar rocas y otros materiales duros. Aceptar los sucesos dolorosos puede ser una oportunidad para transformarte y fortalecerte de forma que manifiestes lo mejor de ti.

DOMINAR LA ACTITUD MENTAL

Una parte importante de este paso es mantener la convicción de que eres quien determina tus pensamientos en respuesta a los sucesos traumáticos.

Dominar tu actitud mental respecto al trauma implica tener una actitud de aprendizaje continuo. Eres una obra en constante progreso. Por lo tanto, con humildad y de manera constante, analizas y sustituyes las reacciones y los pensamientos dañinos o disfuncionales por ideas, emociones y conductas sanas, constructivas y edificantes. El dominio de la actitud mental es clave para aprender a transformar el trauma en una oportunidad de convertirte en alguien más fuerte.

BUSCAR APOYO Y SERVIR

Es inspirador rodearse de otras personas que han vivido experiencias traumáticas similares y supieron transformarlas en crecimiento. Aprender de quienes se han adaptado de forma saludable es fundamental, sobre todo cuando no estás seguro de qué hacer o cómo afrontar la situación.

Al buscar apoyo, es importante que encuentres una persona con quien puedas desahogarte sin reservas. Una persona que no te juzgue ni te avergüence por tus problemas, sino que te brinde apoyo con amor y aceptación incondicionales. Imagina la renovación que podrías sentir al expresar tus emociones de forma plena, sin vergüenza ni miedo, mientras haces frente a los traumas dolorosos de tu vida. Esta persona también debería ayudarte a mantenerte firme en el uso de estrategias de afrontamiento sanas, realistas y constructivas, sobre todo cuando estés pasando por dificultades o te desvíes del camino.

Este paso también implica comprender que, debido a tu experiencia, estás en una posición privilegiada para poder apoyar a los demás. Por lo tanto, debes acercarte a quienes comparten un dolor y un trauma similares a los tuyos para darles ánimo y apoyo.

CONVERTIRTE EN UN DIAMANTE

Los sucesos traumáticos no tienen por qué definirte ni dañarte para siempre si cuentas con el apoyo de los demás y una abundancia infinita del amor de Dios. Cuando utilizas tus experiencias difíciles para desarrollar las estrategias que aquí llamamos «piedras preciosas», no solo sanas, sino que también potencias tu crecimiento y fortaleza para enfrentar futuras vivencias traumáticas.

Por ejemplo, hace poco, Craig sufrió otro accidente que puso en peligro su vida. Iba con un amigo que pilotaba una avioneta a 167 km por hora (90 kt/h) mientras intentaba aterrizar. De repente, un ciervo cruzó delante de ellos, golpeó el ala izquierda de la avioneta e hizo que se saliera unos 75 metros (70 yd) de la pista. Este incidente podría haber causado lesiones graves o incluso la muerte a ambos pilotos. Sin embargo, Craig reaccionó con serenidad y entereza. Además, solo dos días después, volvió a subirse a otro avión y despegó con éxito para continuar su formación como piloto. En gran medida, su capacidad para afrontar acontecimientos imprevistos y dolorosos, inmediatos o futuros, es el resultado de sus esfuerzos por rebuscar en el lodo de sus heridas emocionales para encontrar esas «piedras preciosas». Lo mismo sucede contigo; los traumas por los que has pasado, por dolorosos que sean, pueden convertirte en un diamante.

PREGUNTAS PARA REFLEXIONAR

1. Independientemente de si has reconocido heridas emocionales en el pasado o si es la primera vez que abordas este tema, ¿alguna vez has tenido experiencias traumáticas que pusieran en riesgo tu vida o que no hayan puesto en peligro tu vida? Dedica unos minutos a enumerar los sucesos que te vengan a la mente, desde la infancia hasta la actualidad. Asegúrate de no pasar por alto nada que el Señor quiera recordarte.
2. ¿El origen de tu trauma fue algo que hiciste, algo que otros hicieron, o se debió a una situación o causa natural? Describe tu experiencia.
3. ¿Alguna vez has invitado a Dios en oración a tu trauma? Si es así, ¿cómo lo hiciste? ¿Qué sucedió? Si no lo has hecho, ¿qué acción concreta podrías llevar a cabo para comenzar a aplicar las enseñanzas de este capítulo?
4. ¿Ha existido, o existe, un área de tu vida donde necesites dejar atrás la mentalidad de víctima y adoptar la de un vencedor en Cristo? Argumenta tu respuesta.

DIARIO

PARTE 7

EL AGOTAMIENTO PROFESIONAL

INTRODUCCIÓN

C omencé este libro hablándote de la crisis emocional que sufrí. En este capítulo final, quiero contarte lo que sucedió después.

Después de dirigir Life.Church durante más de dos décadas, había mantenido una constancia como pastor que era satisfactoria para mi alma y beneficiosa para mi salud mental. No obstante, cada año asumía más y más cosas. ¿Más qué?

- Más predicación
- Más liderazgo
- Más responsabilidad
- Más personas en nuestra iglesia
- Más iglesias
- Más personas en funciones de pastor
- Más empleados
- Más oportunidades
- Más libros por escribir

Con el tiempo, se fueron acumulando más y más cosas hasta convertirse en una montaña, una montaña enorme y monstruosa que pesaba sobre mí y me aplastaba.

Yo seguía fingiendo que todo iba bien, pero no era así. Sentía dolor y no tenía palabras para describirlo. Decir que estaba *agobiado* no era suficiente; y *agotado* no reflejaba la gravedad de mi agotamiento interno. Había dado todo lo que tenía, y luego había dado más y más, hasta que ya no quedaba nada.

Sin embargo, cuando alguien me preguntaba cómo me iba, mostraba una falsa sonrisa pastoral para disimular mi dolor y decía que todo iba bien. Aunque en realidad, por dentro, mis pensamientos se agitaban y el corazón me latía con fuerza. Así llegué a un momento en el que ya no podía respirar y colapsé emocionalmente; comprendí que no podía seguir adelante.

Desesperado, comencé a buscar la ayuda de un terapeuta y encontré a Dr. C. Después de un par de sesiones, me dio un diagnóstico que se resumía en tres palabras. Conocía las tres, pero nunca las había oído juntas. Me dijo que yo sufría de «agotamiento profesional severo».

Pronto supe que muchas más personas sufrían este problema. Echa un vistazo a estas estadísticas:

- Un informe de 2024-25 sobre las tendencias de la fuerza laboral estadounidense en cuanto a salud mental y bienestar señala que el 59 % de los empleados padece agotamiento profesional moderado o alto, y que el 23 % sufre un nivel alto de este síndrome.[1] En una encuesta realizada en 2021, la American Psychological Association [Asociación Estadounidense de Psicología] determinó que el 79 % de los empleados sufría estrés laboral.[2]
- El agotamiento profesional no solo se manifiesta en el trabajo, sino que también se acomoda en el asiento del pasajero y se va a casa con nosotros. El 83 % de los empleados nota que el agotamiento influye de forma negativa en sus relaciones personales.[3]
- Es posible que no se deba solo al trabajo. Aunque este tipo de agotamiento se asocia generalmente con el estrés laboral, muchos sostienen que también puede ser consecuencia del estrés no laboral.[4]

Por lo tanto, si sientes como si el monte Vesubio te oprimiera el pecho y estuviera a punto de entrar en erupción, no eres el único que se siente así.

EXPLIQUEMOS EL AGOTAMIENTO PROFESIONAL

¿Qué es el agotamiento profesional? ¿Es diferente del estrés?

Vamos a establecer la diferencia y profundizar en sus detalles.

El estrés suele durar poco tiempo y es el resultado de una situación o un suceso transitorio. Puede que tengas que hacer un examen importante o una presentación para la que no te sientes preparado. O tal vez acabes de cambiar de trabajo, de barrio o hayas perdido tu noveno concurso de baile consecutivo y ahora todo el mundo te mire de forma diferente. Estas situaciones provocan tensiones emocionales, pero es algo transitorio.

El agotamiento profesional suele definirse como una combinación de varios factores:

- Agotamiento emocional: la sensación de estar vacío y sin energía.
- Cinismo hacia el trabajo: tu perspectiva se vuelve negativa y desarrollas indiferencia hacia tu trabajo.
- Reducción de la eficacia: tienes menos motivación y tardas más en hacer tu trabajo; sientes que no has logrado nada significativo.[5]

El agotamiento profesional te hace vivir en un estado de estrés crónico que se manifiesta en una combinación de agotamiento emocional, desapego o indiferencia hacia el trabajo y la vida y la sensación de que no tienes la capacidad para seguir. Es continuo y parece no tener fin. No hay forma de que encuentres alivio; comienzas a sentirte vacío, muerto por dentro y sin esperanza.

¿El agotamiento profesional es solo el resultado de trabajar demasiadas horas? Puede serlo, pero por lo general es más que eso. Los expertos explican que sus ingredientes suelen ser una combinación de agotamiento mental, emocional y físico provenientes de diversas fuentes. Dr. C. me explicó que el agotamiento suele ser consecuencia de nuestra incapacidad para equilibrar todas las exigencias que compiten por nuestra atención.

Por lo tanto, sí, el agotamiento profesional se origina en el estrés laboral: por la carencia de información, apoyo y autonomía, a lo que se suman jornadas interminables, una avalancha de memorandos, un exceso de jefes exigentes, empleados apáticos, plazos ajustados, reuniones y cambios, y demasiadas tortas de cumpleaños de compañeros de trabajo repletas de calorías. (Si trabajas en casa, puede que algunos de esos factores no estén presentes, pero las investigaciones indican que puede ser *más* estresante trabajar en casa).[6] Sin embargo, también hay otros factores que pueden contribuir al agotamiento profesional, entre ellos:

- *La presión social.* Sientes que siempre debes decir que sí, apoyar a todo el mundo, estar a la altura de lo que esperan de ti, estar disponible, servir, dar, ser positivo, cuidar tu imagen, causar una buena impresión en las redes sociales, ser un padre perfecto y llevar tu famosa tarta de fruta a todo encuentro social que se celebre en tu ciudad (y en las cuatro ciudades circundantes). Mientras te esfuerzas por mantener las apariencias, sientes que en tu interior te estás desmoronando.
- *La presión en las relaciones.* Deberías ocuparte de ti mismo, pero sientes que la carga de cuidar de los demás es mayor. A veces, las personas que te rodean pueden ser demasiado exigentes o dependientes, manipuladoras, dadas a criticar, pasivo-agresivas, narcisistas, abusivas o tóxicas. Y tú haces todo lo posible por quererlas, manejarlas, ayudarlas o soportarlas, pero al final no tienes lo suficiente para darles ni para ocuparte de ti mismo.
- *La presión económica.* Tienes que pagar las facturas, las vacaciones familiares, las Navidades, las cuotas del equipo de hockey de tu hijo, las clases de taekwondo de tu otro hijo y lo que sea que esté haciendo tu tercer hijo ahora, porque él cambia de deporte cada dos meses y ya no recuerdas en qué está. Luego están las suscripciones a las plataformas de streaming obligatorias, como Netflix, Hulu, Prime, Disney (+ESPN), Spotify, Apple TV y, por supuesto, YouTube Premium. Son muchos los gastos que tienes y sientes que la deuda no deja de crecer.
- *La presión por temas de salud.* También podrías estar enfrentando problemas de salud (o el riesgo de padecerlos, pues sabes que debes ver al médico por ese asunto pendiente). O tal vez te preocupe la salud de un amigo cercano o de tus padres ancianos.

Además, tal vez luchas contra una adicción o contra una tentación. Sabes que tarde o temprano te pasará factura, pero por más que lo intentas, no logras superarla. Puede que la culpa o la vergüenza te agobien. Has orado, y sin embargo el problema no solo persiste, sino que también te quita el sueño y te mantiene atrapado en un círculo vicioso del que no puedes escapar. Todo esto sin mencionar el caos que hay en el mundo, del cual te enteras a diario porque el pequeño dispositivo inteligente que llevas en el bolsillo, ya sabes, ese que detestas y a la vez adoras, siempre está reclamando tu atención.

A veces sientes que ya es demasiado.

A veces quieres dejarlo todo.

A veces solo piensas en rendirte.

A veces solo quieres escapar.

A veces se te olvida cómo respirar.

Lo interesante es que cuando te fracturas un hueso, la gente te dice: «¡Ay, qué horror! Oye, ¿puedo firmarte el yeso?».

Sin embargo, cuando tienes una crisis emocional, no te colocan un yeso, te estigmatizan. La gente dice: «Oh, pero ¿no eres cristiano? Amas a Jesús, ¿no es así? Porque, a decir verdad, si tienes fe, no deberías tener este tipo de dificultades».

Si la persona con la que hablas es un poco más dulce y compasiva, tal vez te diga: «Simplemente estás estresado, a todos nos pasa, no es para tanto. Dios vela por ti». En el fondo, quizás quieras creer que Dios vela por ti, pero cuando caes en picada no parece que lo esté haciendo.

Entonces, si sientes que vas camino de un agotamiento profesional o que estás atrapado en un colapso emocional, quiero asegurarte que hay esperanza. Siempre hay una forma de superar el agotamiento, pero requiere honestidad, valor y algunos cambios. Y la ayuda de Dios es fundamental.

Veamos qué podemos aprender de alguien que sobrevivió al agotamiento extremo.

7.2

CONSIDEREMOS A ELÍAS

Elías enfrentó niveles devastadores de ansiedad, desgaste, depresión y agotamiento.
Como hombre que amaba a Dios, fue un profeta, un gigante espiritual y un héroe de la fe. Quiero decir, Elías hizo algunas cosas muy interesantes. Por ejemplo, profetizó una sequía y sucedió, oró por comida y se la entregaron los cuervos (la empresa de entregas original) y oró para que el hijo de una viuda volviera de entre los muertos y así fue. (Aunque, ¿quién no ha hecho este tipo de cosas? ¿Verdad?).

Al analizar en conjunto estos dos últimos párrafos, llegamos a una conclusión importante: si tienes dificultades, eso no indica que seas un mal cristiano.

Eso indica que eres un ser humano.

Al igual que tú y yo, Elías era humano.

Así que cuando Dios lo envía a enfrentarse al malvado rey Acab, la presión empieza a aumentar. Elías le dice al rey (que podía haber ordenado decapitarlo): «Tan cierto como que vive el SEÑOR, Dios de Israel, a quien yo sirvo, te aseguro que no habrá rocío ni lluvia en los próximos años, hasta que yo lo ordene» (1 R 17:1).

Fue directo al grano, ¡sin rodeos!

Durante tres años no llueve, tal como profetizó Elías. Entonces Dios le ordena que vuelva a ver a Acab y le haga saber que Dios está a punto de hacer que llueva de nuevo.

Cuando Abdías, quien administraba el palacio de Acab y era un devoto creyente en el Señor, encuentra a Elías en el camino, el profeta le dice: «Ve a decirle a tu amo que aquí estoy». Abdías responde: «Tan cierto como que el SEÑOR su Dios vive, que no hay nación ni reino adonde mi amo no haya mandado a buscarlo». Elías responde: «Tan cierto como que vive el SEÑOR de los Ejércitos, a quien sirvo, te aseguro que hoy me presentaré ante Acab» (18:8, 10, 15).

Cuando Acab ve a Elías, se burla de él: «¿Eres tú el que le está creando problemas a Israel?» (v. 17, NTV). Lleno de fe en Dios, Elías desafía al rey a una batalla campal para determinar quién es el Dios verdadero.

Veamos los antecedentes: Acab se había casado con Jezabel (que puede ser la mujer más aterradora de toda la Biblia) y la había puesto al frente de los asuntos religiosos de la nación. Jezabel adoraba al falso dios Baal, así que se propuso acabar con la adoración al Señor en Israel y matar a todos los profetas de Dios para reemplazarlos con cuatrocientos cincuenta profetas de Baal y otros cuatrocientos falsos profetas de la diosa Aserá.

Así que Elías propone un enfrentamiento en el monte Carmelo entre él y los 850 profetas de Jezabel. Él solo contra ellos.

Casi todo el mundo acude al enfrentamiento. Michael Buffer exclama: «¡Prepárense para la pelea!», y Dios responde con fuego para demostrar de forma concluyente que el Dios de Elías es el único verdadero.

Es una victoria impresionante, que pone de manifiesto la fuerza inigualable, el poder ilimitado y la majestad inconfundible del Dios de Israel. Por lo tanto, se podría pensar que este suceso eliminaría toda la presión que había sobre Elías.

Sí, claro.

No obstante, ya sabes cómo es la vida. Hoy estás victorioso en la cima de una montaña y piensas que por fin has dejado atrás todos tus problemas y al día siguiente estás tirado boca abajo en el valle preguntándote si alguien anotó la matrícula del carro tirado por caballos que te atropelló.

Quizás estés en una situación similar. Ayer las cosas iban bien, puede que incluso genial. Sin embargo, hoy no, hoy sientes un gran peso en el alma. Te sientes solo y sin esperanza.

Volvamos al relato de Elías. Dios había desplegado su poder y aplastado a sus enemigos en nombre de Elías. Jezabel, al enterarse de lo sucedido, le envía un mensaje al profeta: «Que los dioses me hieran e incluso me maten si mañana a esta hora yo no te he matado, así como tú los mataste a ellos» (19:2, NTV).

Al recibirlo, Elías se asusta y huye despavorido.

Tal vez te sorprenda que Elías, quien había desafiado a un rey, derrotado a ochocientos cincuenta falsos profetas y exigido al pueblo de Israel que adorara al único Dios verdadero, huyera ante la amenaza de una reina enojada. No obstante, la vida es así, y Elías no era un superhéroe. En realidad, se nos dice que «Elías era un hombre con debilidades como las nuestras» (Stg 5:17). Era como nosotros, y cuando pasas de vencedor a víctima de la noche a la mañana, cuando la vida te golpea duro, una y otra vez, llegas a un punto en el que finalmente sientes que ya es demasiado.

Ya has pasado por eso. Alguien te critica, tu jefe es un tirano, tu hijo causa problemas, sientes la presión económica, recibes una llamada telefónica con malas noticias y a pesar de todo logras salir adelante. Sin embargo, luego ocurre algo más, incluso puede ser algo relativamente insignificante, como que se te caiga la tostada con la mantequilla hacia abajo, y te derrumbas por completo.

Cuando Jezabel lo amenazó: «Elías se asustó y huyó para ponerse a salvo» (1 R 19:3).

Entró en pánico, se derrumbó y perdió toda esperanza. (¿No te sucedería a ti?). Aterrado, huye, se esconde y teme cada día por su vida.

Entonces Elías se aísla, lo cual nunca es una opción saludable. «Cuando llegó a Berseba de Judá, dejó allí a su criado y caminó todo un día por el desierto» (vv. 3-4).

Aunque Dios siempre está con él, y todo el tiempo lo protege y le provee de forma milagrosa, Elías sigue sintiéndose desesperado, abatido, aplastado y desesperadamente solo.

Elías entonces ora. Presta mucha atención a lo que pide: «Llegó adonde había un arbusto de retama y se sentó a su sombra con ganas de morirse. "¡Estoy harto, SEÑOR! —protestó—. Quítame la vida, pues no soy mejor que mis antepasados". Luego se acostó debajo del arbusto y se quedó dormido» (vv. 4-5).

Elías ora con palabras que quizás le hayas dicho a Dios alguna que otra vez: «Se acabó. No puedo más, es demasiado. No estoy seguro de poder continuar».

Desde lo más profundo de su depresión y abatimiento, Elías clama a Dios: «Ya he sufrido demasiado», y luego le pide que le quite la vida.

¿Te has sentido alguna vez así? ¿Te sientes así *ahora*? Espero que no. No obstante, por si acaso lo estás...

Elías es un ejemplo típico de agotamiento. Puesto que tenemos más posibilidades de derrotar a un enemigo cuando lo comprendemos, vamos a continuar profundizando en el agotamiento profesional. A continuación, examinaremos algunas de las formas en que puede manifestarse en tu vida.

7.3

CÓMO SE MANIFIESTA EL AGOTAMIENTO PROFESIONAL

Disfrutábamos de un agradable paseo un domingo por la tarde cuando de repente Amy me agarró del brazo y gritó aterrada: «¡Una serpiente!».

Como vivimos en una zona boscosa, es común encontrarnos con culebras. Están las culebras normales que habitan en la hierba, que son completamente inofensivas (aunque asustan a nuestros amigos de la ciudad cuando nos visitan). También vemos algunas culebras ratoneras negras enormes que llegan a medir hasta un metro y medio (5 pies) y trepan a los árboles y por los laterales de nuestra casa. Aunque pueden ser agresivas (una persiguió a nuestro hijo Stephen y lo hizo subir a un árbol), no te matarán y es bueno tenerlas cerca porque se alimentan de ratones, ratas y otras plagas.

Luego están las serpientes cabeza de cobre. Una cabeza de cobre es peligrosa. Son muy difíciles de detectar porque su camuflaje es perfecto para esconderse entre la hierba y las hojas. Son venenosas, y cuando se ven amenazadas, atacan inmediatamente. Por desgracia, las vemos a menudo.

Así que cuando Amy gritó: «¡Una serpiente!», me quedé paralizado.

Lo primero era identificar el tipo de serpiente. Amy señaló hacia un pequeño montón de maleza que estaba a unos dos metros y medio (8 pies) al otro lado del camino. Nos acercamos con sigilo para ver si era una cabeza de cobre. Suelen medir unos sesenta centímetros (2 pies) cuando crecen, tienen manchas de color marrón rojizo en forma de reloj de arena en la piel y una inconfundible cabeza triangular. Amy sacó su móvil, acercó la cámara para ver mejor y anunció con certeza: «Sí, es una cabeza de cobre».

Pronto otros caminantes se nos unieron; hasta que una pequeña multitud rodeó al peligroso reptil. Un autoproclamado experto en serpientes confirmó las sospechas de Amy. Explicó que sabía con certeza que era una cabeza de cobre por tres razones:

1. La cabeza triangular en forma de flecha.
2. Las bandas de color marrón rojizo.

3. La falta de movimiento, ya que la serpiente dependía de su capacidad para camuflarse como mecanismo de defensa.

Una de las espectadoras, temerosa por su seguridad, comentó: «Voy a llamar al número de emergencia de vida silvestre para pedir ayuda» y comenzó a buscar el número.

Antes de que pudiera llamar, decidí alejar a la serpiente venenosa del sendero para proteger a los demás excursionistas. Al acercarme, me di cuenta de que la serpiente no era tal, sino una pequeña rama de árbol encima de un calcetín viejo, marrón y gastado que la hacía parecer una cabeza de cobre a dos metros de distancia.

¿Por qué te cuento esta historia?

Porque si crees que puedes estar cayendo en un agotamiento profesional, querrás diagnosticar adecuadamente tu situación. (O mejor aún, pedir ayuda a alguien que sea un verdadero experto, no como nuestro vecino el «experto en serpientes»).

TRES SEÑALES DE AGOTAMIENTO PROFESIONAL

Aquí hay tres señales que indican de que el agotamiento está en camino.

1. *El agotamiento profesional se manifiesta de forma física en tu cuerpo*. En Salmos 42, David se desahoga con Dios respecto a su «estrés laboral». Sus enemigos lo oprimían y lo insultaban. ¿Y cómo se manifiesta esto en él? David expresa: «Mortal agonía me penetra hasta los huesos» (v. 10).

Cuando dices que llevas una carga, es en sentido figurado; no obstante, sentirás su peso físicamente. Es posible que sientas falta de energía, te fatigues con facilidad y tardes en recuperarte. Puedes tener dificultades para conciliar el sueño o para permanecer dormido, lo que agravará tus problemas físicos. Tal vez padezcas de úlcera, dolores en el pecho, dolores musculares o de cabeza.

Lamentablemente, puedes sentir la tentación de sobrellevar el malestar físico de formas poco saludables: pasar horas frente a la televisión, consumir comida chatarra en exceso, ver pornografía, beber alcohol o abusar de medicamentos como analgésicos y somníferos.

2. *El agotamiento tiene implicaciones mentales*. Cuando se experimenta estrés crónico, como mencionamos antes, la amígdala toma el mando y el córtex prefrontal pasa a un segundo plano. La amígdala entra en acción y libera adrenalina en el cuerpo, por lo que la respiración y el ritmo cardíaco se aceleran y aumenta el flujo de oxígeno a los músculos. Esto es útil en situaciones de peligro, como cuando un gato montés te mira fijamente y está a punto de atacarte en la entrada de tu casa. (¡Esta es una historia real! Los detalles aparecen en mi libro *(Pre)decide)*. Sin embargo, es perjudicial cuando estás constantemente estresado y permaneces en modo lucha o huida.

Entonces, cuando el pánico se apodera de ti, tu córtex prefrontal se debilita, lo cual dificulta la toma de decisiones racionales y promueve conductas inapropiadas.

3. *El agotamiento profesional genera problemas emocionales*. Es posible que

empieces a perder la motivación y tu autoestima se vea afectada. Puedes tener dudas de ti mismo y sentir que eres un fracasado, que no eres lo suficientemente bueno. Eso puede hacerte sentir desgraciado y pensar: *No me gusta mi trabajo, ni mi matrimonio ni mis hijos. No me gusto a mí mismo, no me gusta nada.* Con esos pensamientos, puedes caer en el desapego, que podría llevarte a la amargura. Es posible que empieces a sentirte desconectado de Dios, o incluso comiences a culparlo y te hagas eco de la oración de Elías: «¡Estoy harto, Señor! Ya no puedo más».

Experimenté todos esos síntomas durante los dieciocho meses que duró mi agotamiento. Hubo un período de dos semanas, a mitad de esos dieciocho meses, en el que seguía yendo a trabajar, pasaba tiempo con mi familia y hacía todo lo que tenía que hacer, pero luego no recordaba nada de lo que había sucedido. La vida se tornó borrosa.

Recuerdo que les decía a Amy y a Dr. C.: «Nadie puede entender la presión a la que estoy sometido. Es demasiada presión, demasiada y constante. Me aplastará hasta acabar conmigo, y quizás eso no tarde mucho, porque este trabajo me va a matar».

Nada de eso era cierto.

Sin embargo, creía que era así.

¿Cómo llegué a esta situación? ¿Cómo *llegamos* a eso?

TRES PASOS PARA LLEGAR AL AGOTAMIENTO PROFESIONAL

Supongamos que quieres empezar a vender un programa llamado «¡Cómo alcanzar el agotamiento profesional en tres pasos!». ¿Cómo garantizar que se produzca el agotamiento?

Elías fue un ejemplo de ello, y lamentablemente yo cometí algunos de los mismos errores. También te podría ocurrir a ti.

I. ESFUÉRZATE SIN DESCANSO HASTA QUE CAIGAS EXHAUSTO

Cada vez haces más, y más y luego un poco más. Continúa así hasta que quedes exhausto, agotado, abrumado y ya no puedas más.

Elías lo hizo así.

¿Recuerdas su gran enfrentamiento con los ochocientos cincuenta falsos profetas? Elías tuvo que subir los 6,5 kilómetros (4 millas) del monte para llegar allí. Cuando terminó, Elías anunció que estaba a punto de llover y que todos debían volver a casa. Así lo hicieron, incluido el rey Acab en su carro. Elías había bajado los 6,5 kilómetros, y luego se nos dice que vuelve a subir al monte.

Ya había recorrido 19,5 kilómetros (12 millas).

En la cumbre del monte, ora por la lluvia, y cuando aparece una nube, vuelve a bajar.

Son 26 kilómetros (16 millas).

Luego, en 1 Reyes 18:46, se nos dice que Elías comienza a correr hacia la ciudad de Jezrel.

Eso son otros 22,5 kilómetros (14 millas).

Ya aquí el recorrido es de 68 kilómetros (42 millas).

Elías va *corriendo*: el versículo especifica que «se echó a correr y llegó a Jezrel antes que Acab», ¡adelantó a los carros del rey! Inmediatamente después, Jezabel amenaza con matar al profeta y «Elías se asustó y huyó para ponerse a salvo» (19:3); fue hasta Berseba.

Jezreel está a más de 170 kilómetros (100 millas) de Berseba. Ya casi había recorrido seis maratones. Por no mencionar que no solo huía, sino que su vida dependía de ello. Así que no es de extrañar que Elías colapsara. Él mismo se agota hasta caer exhausto.

Su historia se parece a mi forma de actuar durante un par de décadas. Trataba de ser un marido perfecto, un padre perfecto y un pastor perfecto. Me esforzaba por salvar el mundo, satisfacer tantas necesidades como fuera posible y no dejar pasar ninguna oportunidad de hacer el bien para Dios.

Esta situación puede parecerse a lo que estás haciendo, si eres:

- Un estudiante universitario convencido de que tiene que sacar buenas notas, tener un trabajo a tiempo completo, graduarse sin tener que pedir préstamos excesivos, cumplir las expectativas de sus padres, pertenecer a una hermandad estudiantil y realizar actividades extraescolares;
- Una madre o un padre que se enfrenta a la inmensa presión de querer desempeñarse perfectamente y mantener a la familia, hacer que su hijo participe en todas las actividades, participar en todos los eventos, ayudar en la escuela, llevar a los niños a viajes maravillosos y mostrarlo todo en las redes sociales;
- Un empleado que quiere impresionar a su jefe para progresar en su carrera y acepta llegar más temprano, quedarse hasta tarde, trabajar los sábados; y dice sí a todas sus responsabilidades laborales y sí a proyectos más allá de esas responsabilidades y sí a realizar parte del trabajo de una persona que acaba de dejar el equipo.

Sigues corriendo y corriendo, y siempre descuidas tus propias necesidades emocionales, hasta que caes completamente exhausto.

2. HAZLO TODO TÚ SOLO

Si quieres asegurarte de que acabarás agotándote, no le des entrada a otras personas en tu vida. En lugar de ser honesto y decir cosas que te hagan parecer vulnerable, miente y di que estás bien, que todo va perfecto, un poco ocupado tal vez, pero que es solo una etapa un poco agitada en la que estás. Para agotarte, no confíes, no te confieses, no pidas ayuda, hazlo todo tú solo.

Eso es lo que hizo Elías, ¿recuerdas? «Cuando llegó a Berseba de Judá, dejó allí a su criado y caminó todo un día por el desierto» (1 R 19:3-4).

Es decir, Elías fue solo a la batalla.

Siempre somos vulnerables cuando estamos solos. Por lo tanto, necesitamos el apoyo de personas que nos conozcan de verdad, que se preocupen, nos escuchen y oren por nosotros. Personas que nos animen, corrijan y señalen nuestros errores. Personas que hagan preguntas difíciles y nos muestren compasión cuando damos malas respuestas.

Es un paso difícil porque te avergüenzas y no quieres que la gente piense que eres débil; además, eres demasiado orgulloso para pedir ayuda. Así que sigues adelante, sonríes y niegas tener dificultades; continúas diciendo: «¡Estoy bien! ¿Cómo estás tú?», mientras te estás ahogando y mueres de una forma lenta, dolorosa y solitaria.

3. CÉNTRATE EN LO NEGATIVO

Hay cosas buenas en tu vida. Quizás la situación es caótica y agobiante en el trabajo, pero a tu familia le va bien, tienes buena salud y Dios sigue siendo bueno. Sin embargo, no puedes ver lo que está bien; solamente ves lo que está mal.

Elías expresa: «Basta ya, Señor; quítame la vida, porque no soy mejor que mis antepasados que ya murieron» (1 R 19:4, NTV). Recuerda a los que lo precedieron, reflexiona sobre lo que le sucedió y piensa: *Imaginé que haría más, que sería mejor. Desearía no haber nacido, preferiría no estar vivo.*

Si has experimentado el agotamiento, seguramente has tenido algunas de las siguientes ideas. *No tengo la capacidad de hacer todo esto. Me siento fracasado. No logro terminar lo que debo hacer.* O tal vez hayas pensado: *Nunca seré feliz como los demás, nunca me casaré. Nunca tendré estabilidad financiera. Siempre estaré ahogado en deudas.* Y esos pensamientos pueden evolucionar fácilmente en: *Nunca seré feliz. Ya he sufrido demasiado. La vida no vale la pena.*

7.4

¿QUÉ NECESITAS?

Elías estaba durmiendo la siesta, sumido en un ciclo de sueño REM, cuando: «De repente, un ángel lo tocó y le dijo: "Levántate y come". Elías miró a su alrededor y junto a su cabecera un panecillo cocido sobre brasas y una jarra de agua. Comió y bebió y volvió a acostarse» (1 R 19:5-6).

Fíjate en lo que Dios hace por Elías (esto es importante pues Dios hará lo mismo por ti). Elías está pasando por el momento más difícil de su vida y Dios acude a él.

¿Viste cómo funciona?

Dios vino a él en forma de ángel.[1] Tomó la iniciativa, dio el primer paso. Entonces, si miraras más de cerca tu vida, es probable que puedas ver que Dios ha estado acercándose a ti, tratando de llamar tu atención.

Cuando Elías estaba sumido en una profunda depresión y había perdido toda esperanza, «un ángel lo tocó».

A veces, lo único que necesitas es solo un toque de Dios.

Simplemente un toque.

El ángel toca a Elías y luego le dice... Aunque veamos primero lo que *no* dijo el ángel. No dijo:

- «¡Oye, fracasado!».
- «¿Cuál es tu problema?».
- «¿Por qué te escondes bajo un arbusto?».
- «¿Por qué le tienes tanto miedo a Jezabel?».
- «¿Dónde está tu fe?».
- «Si oraras más, no te sentirías así».
- «Esto es sin duda un problema de pecado».

No, el ángel de Dios no acusa a Elías. En cambio, tiene una actitud muy práctica y básicamente le dice: «Toma un panecillo».

Seguramente sorprendido, Elías pregunta: «¿Un panecillo?» y cuando mira a su alrededor ve pan fresco que se cose sobre carbones calientes y una jarra de agua. Así que come y bebe.

Y luego se vuelve a dormir. ¿Por qué?

Porque a veces lo más espiritual que puedes hacer es tomarte una siesta. No bromeo; el descanso es absolutamente esencial. Como uno de los diez mandamientos que Dios nos dio en el Antiguo Testamento, el descanso es necesario para llevar una vida que honre a Dios. Por eso incorporó el día de reposo en el ciclo de nuestra vida. Dios nos asegura que, si lo honramos al tomar un día de reposo, podremos trabajar más en seis días que en siete días si no lo hacemos. Rechazar el regalo de Dios del día de reposo es un ingrediente en la receta para el agotamiento.

Un medio de Wall Street investigó la decisión de Chick-fil-A de cerrar los domingos. Su conclusión fue la siguiente: «Según nuestros cálculos, Chick-fil-A pierde unos 1.200 millones de dólares en ventas cada año por cerrar los domingos. Sin embargo, el restaurante sigue defendiendo sus valores al mantener la tradición original. Quizás su compromiso con los trabajadores y su fe sea en parte la razón de su éxito».[2]

Sin embargo, si haces una pausa para tomarte un día de descanso, o incluso una simple siesta, tu enemigo espiritual podría susurrar en tu mente:

- *No puedes hacer eso.*
- *No puedes perder ese tiempo.*
- *Eres demasiado importante.*
- *Tienes demasiado que hacer.*
- *Vas a decepcionar a todo el mundo.*

Hagas lo que hagas, no escuches esa voz, porque el diablo es un mentiroso. Tu enemigo espiritual viene a robar, matar y destruir, no a darte vida (Juan 10:10).

No dejes que tu mente intimide a tu cuerpo; más bien domina esos pensamientos dañinos con la verdad de Dios. Declara sus palabras por encima de los engaños, las distorsiones y la voz desalentadora de tu enemigo. Dios te ordenó descansar y confiar en él.

Porque necesitas descanso.

Además, es posible que necesites descansar de otra forma que no sea simplemente no trabajar.

Esta es una de las muchas cosas que he aprendido y que puede serte útil. Siempre había pensado que un pequeño descanso en el futuro sería suficiente para salir de la depresión. Así que planeaba tomarme un día libre o unas vacaciones. Sin embargo, cuando lo hacía, después resultaba que no era suficiente, nunca era suficiente. Me encontraba de nuevo en la misma situación lamentable a la espera del próximo descanso, solo para sentirme decepcionado una vez más.

> **NO DEJES QUE TU MENTE INTIMIDE A TU CUERPO; MÁS BIEN DOMINA ESOS PENSAMIENTOS DAÑINOS CON LA VERDAD DE DIOS.**

En uno de mis encuentros con Dr. C., en medio de mi desastre, me hizo una pregunta que me costó trabajo responder:

—Craig, ¿qué necesitas?

Soy una persona bastante sencilla. Así que le respondí con seguridad:

—Necesito comer y dormir. Supongo que... sí, eso es lo que necesito.

Dr. C. sonrió y volvió a preguntarme:

—Craig, ¿qué más necesitas?

No se me ocurrió nada más.

Respondí como si me hubiera planteado un problema de cálculo sumamente difícil.

—Bueno, supongo que eso es lo único que necesito para sobrevivir. No obstante, y no sé si esto es lo que buscas con tu pregunta, podría decir que necesito a Amy... Sé que técnicamente no la necesito para sobrevivir, pero ¿puedo decir Amy?

Él respondió: —Claro, puedes decir Amy. ¿Qué más necesitas?

Otra vez me quedé sin respuesta.

No se me ocurría nada.

Dr. C. se apiadó de mí y me ayudó a comprender cuáles eran mis necesidades.

—Si solo estuvieras cansado, entonces solo necesitarías descansar. Sin embargo, estás más que cansado, estás vacío. Constantemente has estado dándolo todo de ti y ahora estás vacío, exhausto. Eso significa que necesitas volverte a llenar.

Bien. Eso tenía sentido.

Luego me propuso algo que, en aquel momento, me pareció un consejo tonto. Me dijo que tenía que idear nuevas actividades que me desconectaran mentalmente de la montaña de responsabilidades de mi trabajo. Me sugirió que, dada mi personalidad, buscara algo de lo que no supiera nada y que me pareciera peligroso o emocionante y me subiera la adrenalina. Me pidió que considerara unas treinta posibilidades.

¿*Treinta*?

Se me ocurrieron seis.

Me devané los sesos para encontrar una séptima, pero no, solo se me ocurrieron seis.

Le leí mi lista a Dr. C. y me dijo:

—Buen comienzo. Ahora quiero que empieces a ponerlas en práctica.

A estas alturas me parecía que le estaba pagando por recibir sugerencias extrañas y probablemente inútiles, pero de todos modos acepté.

Así que, a principio de mis cincuenta, cuando ya me sentía demasiado viejo, cansado y ocupado para intentar algo nuevo, comencé las dos primeras cosas de mi lista: entrenar jiu-jitsu y estudiar para obtener una licencia de piloto privado. (He escrito sobre mis aventuras con el jiu-jitsu en *El poder para cambiar* y *(Pre)decide*).

En poco tiempo, estaba descalzo con mi vestimenta de jiu-jitsu y me enfrentaba con tipos que eran mucho mejores que yo, y también realicé mi primer vuelo en solitario (algo en verdad atemorizante). Entonces me di cuenta de que no estaba pensando en mi próximo sermón. No, en absoluto. Ya no enumeraba con ansiedad las cosas que me quedaban por hacer. Sentí que me había desconectado de las cargas que mantenían secuestrada mi mente, que me saturaban de emociones negativas y hacían que mi cuerpo pagara por ello.

Finalmente, comprendí la sabiduría de lo que Dr. C. me estaba recetando. Las nuevas actividades desconectaban mi cerebro de todas las situaciones estresantes y me ayudaban a llenar lo que estaba vacío.

Bueno, no desde el principio. Mi mente continuó atascada en el modo de trabajo de la iglesia durante algún tiempo; pero gradualmente empecé a encontrar momentos de serenidad y diversión mediante las actividades cargadas de adrenalina de mis nuevas aficiones.

Ahora bien, seamos claros, esta no sería una solución para todo el mundo, sería una receta equivocada para la mayoría de las personas. No obstante, era lo que yo necesitaba para llenarme de nuevo, sanar y renovarme.

Entonces, ¿qué necesitas *tú*?

Necesitas descansar.

¿Y qué más?

Puede que necesites un panecillo, o una barra de proteínas o una bebida probiótica. Tú decides.

¿Qué más necesitas?

Algunos expertos sugieren que, si tu trabajo depende en gran medida de tu cerebro, es posible que necesites una actividad que te permita desconectar tu mente y darle actividad a tu cuerpo. Por otro lado, si realizas un trabajo físico, tal vez necesites darle descanso al cuerpo y ocuparte de la mente.

¿Qué más necesitas?

Puede que necesites un ritmo de vida diferente, amigos más cercanos.

¿Qué más necesitas?

Eso es lo que me preguntó Dr. C.: «¿Qué *más* necesitas, Craig?».

Creo que lo miré con frustración. *Otra vez. ¿En serio? ¿Me lo vuelves a preguntar?*

Luego modificó ligeramente la pregunta. «¿Qué más necesitas, *pastor*?».

¿Qué? ¿Se está burlando de mí? Esto se está tornando embarazoso. No sé qué necesito ni por qué me está llamando pastor.

Entonces repitió la pregunta y me dio una pista muy clara: «¿Qué más necesita, pastor? Empieza con "d" y termina con "s"».

Bueno, si lo ves de esa manera. Al parecer, la respuesta es Dios.

Fue un poco confuso al principio, porque pensé: *Ya tengo a Dios. Eso es algo que sé que tengo.*

No obstante, a medida que profundizaba en el asunto, me di cuenta de que no le estaba dando entrada a Dios en el problema de mi agotamiento. Por supuesto, me quejaba ante él de mis dificultades, pero eso era todo. En realidad, había formas en las que mi agotamiento me alejaba de él. Tal vez te haya sucedido lo mismo. A veces me sentía demasiado ocupado como para dedicar mucho tiempo a orar, leer la Escritura, detenerme en ella, disfrutar de las vigorizantes palabras de Dios y meditar sobre ellas en oración. Y mi negatividad (capítulo 4) a menudo me impedía agradecerle su bondad.

Empecé a darme cuenta de que sí, la situación era difícil, pero no *tan* difícil. Todavía tenía salud, buenos amigos, una esposa extraordinaria, un trabajo importante, hijos que me aman y aman a Jesús. En lugar de centrarme en lo que no me gustaba, me enfoqué en todas las razones que tenía para agradecerle a Dios.

Tal vez el dolor hace que hoy te enfoques en las cosas malas que hay en tu vida, y pases por alto todo lo bueno que hay en ella.

¿Qué más *necesitas*?

Te doy una pista: empieza con «d» y termina con «s».

Necesitas a Dios.

Necesitas darle entrada a Dios en el problema de tu agotamiento.

Necesitas experimentar su presencia, su poder y su paz.

Necesitas que su Palabra renueve tu alma cansada. Necesitas su gracia que se perfecciona en tu debilidad, su amor incondicional que te rodea con una paz que va más allá de tu capacidad humana de comprensión.

Necesitas un nuevo encuentro con la presencia de tu Dios Todopoderoso.

Eso es lo que necesitas; y eso es lo que Elías necesitaba.

Elías tomó dos siestas reparadoras y comió dos veces del pan horneado que le ofreció el ángel, y entonces:

> Una vez fortalecido por aquella comida, viajó cuarenta días y cuarenta noches hasta que llegó a Horeb, el monte de Dios. Allí pasó la noche en una cueva. Más tarde, la palabra del Señor vino a él.
>
> —¿Qué haces aquí, Elías? —le preguntó.
>
> Él respondió:
>
> —Me consume mi amor por ti, Señor Dios de los Ejércitos. Los israelitas han rechazado tu pacto, han derribado tus altares y a tus profetas los han matado a filo de espada. Yo soy el único que ha quedado con vida, ¡y ahora quieren matarme a mí también! (1 R 19:8-10)

Las palabras de Elías constituyen un fascinante caso de estudio sobre el agotamiento. Fue Jezabel, y no los israelitas, quien dio muerte a filo espada a los profetas. ¿Recuerdas que te comenté que cuando estás agotado, te centras en lo negativo? Elías se queja: «Yo soy el único que ha quedado con vida». Si bien era cierto que a muchos los habían asesinado, aún quedaban otros profetas que permanecían fieles a Dios.

Aquí, Dios ni siquiera se molesta en corregir estas inexactitudes catastrofistas. En mi opinión, porque sabe que Elías no necesita respuestas, necesita *la respuesta*.

> El Señor le ordenó:
>
> —Sal y preséntate ante mí en la montaña, porque estoy a punto de pasar por allí.
>
> Mientras estaba allí, el Señor pasó y vino un viento recio, tan violento que partió las montañas y destrozó las rocas, pero el Señor no estaba en el viento. Después del viento hubo un terremoto, pero el Señor tampoco estaba en el terremoto. Tras el terremoto vino un fuego, pero el Señor tampoco estaba en el fuego. Y después del fuego vino un suave murmullo. Cuando Elías lo oyó, se cubrió el rostro con el manto y, saliendo, se puso a la entrada de la cueva. (vv. 11-13)

Dios no estaba ni en el viento, ni en el terremoto, ni en el fuego.

¿Dónde estaba Dios?

No se encontraba en lo extraordinario, sino en lo ordinario.

No estaba en el caos, sino en la calma.

Dios estaba en el murmullo.

Si evitaras apresurarte y te quedaras quieto, Dios podría hablarte en los momentos más comunes. Por ejemplo, cuando estés:

- cambiando los pañales del bebé,
- lavando los platos,
- haciendo los deberes,
- tratando de preocuparte por esa persona del trabajo a la que es muy difícil querer,
- sentado en la mesa de la cocina mirando todas las facturas que tienes que pagar,
- llevando a tus hijos de un sitio a otro.

Ya sea en los momentos desastrosos o en los aburridos, Dios te hablará como en un murmullo.

Sin embargo, ¿por qué, sobre todo cuando estás agobiado por el estrés, abrumado por la ansiedad y al borde del agotamiento, la voz de Dios parece tan silenciosa? ¿Por qué es como un suave murmullo?

Dios susurra porque está cerca, y porque quiere que te acerques a él.

> **SI EVITARAS APRESURARTE Y TE QUEDARAS QUIETO, DIOS PODRÍA HABLARTE EN LOS MOMENTOS MÁS COMUNES.**

Elías estaba en la penumbra de una cueva y en el momento más oscuro de su vida, pero el murmullo lo hizo salir de allí. Si estás sumido en la oscuridad de la desesperación o al borde del agotamiento, escucha con atención, porque puede que oigas a Dios susurrando para sacarte de allí.

- Si te sientes desolado, te dirá que está cerca de los quebrantados de corazón, y salva a los de espíritu abatido (Sal 34:18).
- Si te sientes abrumado, hará saber que él puede calmar la tempestad, o darte calma en medio de ella (Sal 107:28-30).
- Si estás herido, estará ahí para ayudarte y decirte que no estás indefenso (Sal 147:3).
- Si te sientes desanimado, te animará y te dirá que nunca te faltará esperanza (2 Ts 2:15-17).
- Si piensas que eres débil, te dirá: «Mi poder se perfecciona en la debilidad» (2 Co 12:9).
- Si estás en apuros, te susurrará que no estés abatido, confundido ni perplejo; su susurro puede evitar que te desesperes (2 Co 4:8).
- Si te sientes solo, él te recordará que nunca te dejará ni te abandonará (Dt 31:8).

Cuando alguien que conoces se inclina para susurrarte, tu respuesta natural es inclinarte para escucharlo. Dios susurra porque está cerca y porque quiere que te acerques.

Y te hablará en un susurro.

7.5

NECESITO A DIOS (Y TÚ TAMBIÉN LO NECESITAS)

Dr. C. tenía razón. Necesitaba a Dios. Tenía que encontrar la manera de desconectar mi mente del trabajo y conectar mis pensamientos con Dios. Como hablamos en el capítulo 4, una de las maneras en que comencé a favorecer que Dios me susurrara fue a través de la meditación y la memorización de algunos versículos bíblicos fundamentales.

Uno que realmente me ayudó fue Isaías 26:3: «Al de carácter firme lo guardarás en perfecta paz, porque en ti confía». Ese versículo adquirió un gran significado para mí mientras lo repetía una y otra vez; como un niño de tercer grado que trataba de memorizar el Discurso de Gettysburg.

Las ideas pasaron de ser palabras sobre el papel a ser verdades grabadas en mi mente.

Dios promete la paz perfecta. No solo una paz ocasional y circunstancial cuando todo es perfecto. No, se refiere a la paz perfecta cuando todo lo demás es imperfecto.

«Paz» es la traducción de la palabra hebrea *shalom*. No obstante, el autor no escribe «shalom», sino «shalom, shalom». Cuando una palabra se repite en hebreo, el propósito es enfatizarla. Es como si Dios prometiera paz al cuadrado, una paz que se multiplica sin límite.

¿Quiénes disfrutarán de esta paz? ¿Aquellos cuyos pensamientos no se apartan de las noticias? ¿Aquellos que navegan horas y horas por las redes sociales? ¿Aquellos que ven compulsivamente la mayoría de los programas de Netflix?

No, para nada.

La Nueva Traducción Viviente interpreta este versículo como «¡guardarás en perfecta paz a todos los que confían en ti, a todos los que concentran en ti sus pensamientos!».

La palabra hebrea traducida como «concentran» es *samak*, que significa «apuntalar, apoyar todo tu peso en un objeto». Si te sientes abrumado, impotente o sobrecargado y tu vida es una carga pesada, Dios te invita a colocar ese peso en él.

Medité sobre Isaías 26:3 hasta que lo memoricé, hasta que se convirtió en una nueva vía neuronal en mi mente renovada.

Hice lo mismo con 2 Pedro 1:3: «Mediante su divino poder, Dios nos ha dado todo lo que necesitamos para vivir una vida de rectitud» (NTV). Repetí ese versículo hasta que se convirtió en un himno personal que me recordaba que no era mi poder, sino el suyo. Que él no me ha dado solo algunas cosas que necesito, sino todo lo que necesito.

SI TE SIENTES ABRUMADO, IMPOTENTE O SOBRECARGADO Y TU VIDA ES UNA CARGA PESADA, DIOS TE INVITA A COLOCAR ESE PESO EN ÉL.

Dios me susurró a través de estos versículos; y a través de la música de alabanza que escuchaba y en momentos silenciosos de oración cuando oía su voz.

Me susurró a mí y te susurrará a ti, como hizo con Elías.

Corre hacia él y escucha su susurro.

Si escuchas, ¿qué palabras imaginas que te diría? ¿Qué versículo podría querer él que interiorizaras?

- «¡Sé fuerte y valiente! ¡No tengas miedo ni te desanimes! Porque el Señor tu Dios te acompañará dondequiera que vayas» (Jos 1: 9).
- «Dios es nuestro refugio y nuestra fortaleza, nuestra segura ayuda en momentos de angustia» (Sal 46:1).
- «Deténganse en los caminos y miren; pregunten por los senderos antiguos. Pregunten por el buen camino, ¡y sigan por él! Así hallarán el descanso anhelado» (Jr 6:16).
- «El Señor es mi pastor, nada me falta; en verdes pastos me hace descansar. Junto a tranquilas aguas me conduce; me infunde nuevas fuerzas» (Sal 23:1-3).
- «El Señor es mi fortaleza y mi escudo; confío en él con todo mi corazón. Me da su ayuda y mi corazón se llena de alegría; prorrumpo en canciones de acción de gracias» (Sal 28:7, NTV).

Tal vez oigas que Jesús te dice: «¿Están agotados? ¿Extenuados? ¿Cansados de la religión? Vengan a mí. Vamos conmigo y recuperarán su vida. Les enseñaré a descansar de verdad. Caminen conmigo y trabajen conmigo: miren cómo lo hago. Aprendan el ritmo no forzado de la gracia. No les impondré nada pesado ni mal ajustado. Acompáñenme y aprenderán a vivir con libertad y sin ataduras» (Mt 11:28-30, MSG).

Podríamos reformular las tres primeras frases de esta paráfrasis: «¿Estás ansioso, deprimido, enfadado, negativo, traumatizado y agotado?». Si es así, ¿qué hará Jesús? Te invitará a venir a él, acompañarlo y recuperar tu vida. Te enseñará a descansar. Si caminas con él y lo observas, te enseñará a vivir según «el ritmo no forzado de la gracia». No te impondrá nada pesado. En cambio, te enseñará a aligerar tu carga y a vivir con libertad.

Quiero preguntarte una última vez lo que Dr. C. me preguntó a mí: ¿Qué necesitas?

Como yo, necesitas a Jesús. Necesitas que Jesús camine contigo y te enseñe una nueva forma de vivir.

Necesitas a un Dios que es bueno y al que puedes encontrar no solo en lo extraordinario, sino también en lo común.

Un Dios que siempre está contigo y siempre te invita a acudir a él.

Jesús te dice: «Ven a mí».

Eso es lo que yo necesitaba.

Me estaba ahogando, así que fui a recibir los consejos de Dr. C. y sané al instante. Ojalá hubiera sido así.

No, no sané inmediatamente. No ocurrió en un par de minutos como cuando cocinas un paquete de fideos instantáneos. Para mí, fue un camino que recorrí en dieciocho meses. Un año y medio de cambios lentos y fundamentales.

Después de mucha oración, una abundante presencia de Dios y muchos nuevos desafíos para distraerme y cambiar mi mente, Dios me ayudó a sanar. Entonces un día Amy me dio un gran aliento cuando expresó: «Creo que lo estás haciendo bien». En ese momento pensé: *Tiene razón, lo* estoy *haciendo bien. No me siento igual, tengo paz.*

Una paz que se multiplica sin límite.

Y eso es lo que Dios quiere darte a ti también.

Entonces, ¿sientes que sufres de un agotamiento profesional?

Acude a él y recupera tu vida.

Ahora que sabemos lo que tenemos: a Jesús, este gran sumo sacerdote con acceso permanente a Dios, retengamos nuestra fe. No es un sacerdote que desconoce nuestra realidad; él ha pasado por la debilidad y la tentación, lo ha experimentado todo, excepto el pecado. Así que, acerquémonos a él y recibamos lo que está dispuesto a darnos. Aceptemos la misericordia, tomemos la ayuda. (He 4:14-16, MSG)

REFLEXIONES DE DR. C.

Craig tiene un celo insaciable por predicar y difundir la Palabra de Dios. Siente un fuerte impulso para trabajar y a menudo se despierta a horas tempranas de la mañana para crear contenidos edificantes. Siempre está buscando formas de ayudar a los demás. El resultado que logra es significativo y gratificante, y su trabajo provoca descargas de dopamina en el centro del placer de su cerebro. Sin embargo, cuando empecé a trabajar con él, me describió la manera en que vivía como una carrera sin pausa: lo daba todo constantemente, sin límite.

Aunque los logros de Craig son impresionantes, no es un superhombre. Luego de estar demasiado tiempo actuando de ese modo, colapsó física y emocionalmente y se quedó sin energía para continuar. Amy describe sus colapsos emocionales como «aterradores». Un amigo pastor expresó que Graig continuaba «liderando mientras sangraba».

Craig no es un caso único. Un estudio realizado en 2022 por el Grupo Barna determinó que durante el último año un 42 % de los pastores consideraron dejar el ministerio debido al «inmenso estrés del trabajo» y a la sensación de aislamiento.[1] Las presiones y expectativas sociales que soportan los pastores pueden ser extraordinarias.

Aunque no son solo los pastores quienes enfrentan este problema. El agotamiento profesional ha ido en constante aumento durante más de una década y golpea tanto a una madre exhausta por el ajetreo de las actividades extraescolares como a un ejecutivo cuya empresa aparece en la lista de Fortune 500. También afecta a los cristianos llenos de fe que trabajan como voluntarios incontables horas en sus iglesias, atienden a sus amigos necesitados o participan en numerosas actividades en un esfuerzo por mostrar su amor a Cristo.

Es importante comprender que el agotamiento profesional es más que un alto nivel de estrés crónico y agobiante. Para diagnosticar correctamente la afección, deben combinarse tres factores.

1. *Agotamiento extremo*: un nivel muy alto y persistente de agotamiento emocional y físico, y la sensación de tener la energía agotada.
2. *Despersonalización elevada*: un deseo persistente y fuerte de aislarse y distanciarse del trabajo y de las personas con las que se labora, junto con una actitud cada vez más cínica hacia el trabajo.
3. *Baja realización personal*: sentimientos persistentes de que se logra menos de lo que se debería, de no rendir como se debería y el temor a no estar a la altura de interminables expectativas y exigencias.

El agotamiento profesional aparece lentamente, con el tiempo, y te golpea cuando menos te lo esperas. También se manifiesta en un espectro. Es decir, en un extremo está el agotamiento leve en el que todavía puedes realizar tus actividades externas, pero sufres en tu interior. Y en el otro extremo, estás tan agotado que ya no puedes levantarte de la cama, y mucho menos enfrentar tus obligaciones. La mayoría de las personas que sufren este problema fluctúan en cuanto a la gravedad de sus síntomas dentro del espectro. Ten en cuenta que cuanto más grave y crónico sea el agotamiento, mayor será el riesgo de sufrir problemas de salud física y mental.

Cuando Craig buscó ayuda, era evidente que sufría de agotamiento profesional. Le pregunté cuál era su objetivo y me contestó: «Ya no puedo depender de tomar un gran descanso de mis actividades para relajar mi mente y mi cuerpo, quiero vivir de tal manera que no necesite tomarme un descanso para sentirme vivo».

Aunque estaba preparado para trabajar, servir y liderar, había llegado a la conclusión de que ya no podía mantener el mismo ritmo de «darlo todo». Si no cambiaba, su salud y su continuidad en el puesto de pastor estaban en grave peligro.

¿Cómo se recuperó del agotamiento?

Además de trabajar en sus hábitos de salud y su actitud mental, mantuvimos muchas conversaciones en las que analizamos sus respuestas a una serie de preguntas. Estas preguntas lo ayudaron a reflexionar de manera sistemática sobre su agotamiento, para que pudiera reprogramar sus actividades diarias, mensuales y anuales a un ritmo más saludable y sostenible.

Parte del apoyo consistió en reflexionar sobre cómo el tiempo es nuestro bien más preciado. Solo disponemos de una cantidad limitada y nunca podremos recuperarlo una vez que pasa. Además de preguntarle qué más necesitaba en su vida, Craig respondió a una serie de preguntas centradas en por qué, cuándo, con quién, en qué y dónde dedicaba su tiempo al descanso y la recuperación. Sus respuestas a cada una de las preguntas lo ayudaron a darse cuenta de lo valioso que es el tiempo y a establecer un equilibrio en su vida.

¿Por qué es necesario descansar? El descanso y la recuperación activan el sistema nervioso parasimpático, que es lo contrario de la respuesta de lucha o huida del sistema nervioso simpático. El descanso y la recuperación son esenciales para estimular la sanidad interior del cuerpo, reducir la producción de cortisol, fortalecer el sistema inmunológico y disminuir el riesgo de enfermedad. Además, el descanso mejora la precisión y la velocidad de procesamiento de la información, la resolución de problemas y la memoria del cerebro.[2] El descanso también ayuda a fortalecer tu resistencia emocional para responder ante la adversidad, así como tu capacidad para interactuar con los demás.

Cuando uno se agota, tanto física como mentalmente, no puede ser la mejor versión de uno mismo ni en la casa ni en el trabajo. Los efectos secundarios del agotamiento varían de un individuo a otro, pero los cambios negativos en la salud se manifestarán con el tiempo. Es por ello que el descanso y la recuperación son esenciales para tu salud y son un mandamiento de Dios (Éx 20:8-10).

¿Cuándo necesitas descansar y recuperarte? Si tienes dificultades, te sugiero que evites la tentación de ver la vida como una carrera de velocidad continua donde tratas

de hacer más y más, y más rápido. Aunque ocasionalmente puede ser necesario apurarse al máximo, esto debe ser la excepción y no la regla. Por lo tanto, puede ser más útil ver la vida como un maratón.

Vivir con una mentalidad de maratón requiere desarrollar un ritmo de trabajo y descanso constante, sostenible y saludable. Es necesario descansar lo suficiente y aprender a mantener el ritmo a lo largo del día, la semana y el mes. La cantidad de descanso y recuperación necesaria puede variar, pero los estudios indican que la mayoría de las personas necesita un mínimo de seis a ocho horas de sueño cada noche y hacer pausas de diez a quince minutos con regularidad para recuperarse a lo largo del día. Además, trabajar diez o más horas diarias durante varios días consecutivos, o superar habitualmente las cincuenta horas semanales, aumenta el riesgo de sufrir graves problemas de salud relacionados con la fatiga.

¿A quién tienes que decirle que no y de quién necesitas ayuda? En ocasiones uno puede verse tentado a hacer más y más, sobre todo cuando el trabajo es gratificante y puedes ver un resultado positivo en los demás. Sin embargo, reconocer la importancia de decir «no» es esencial para prevenir y manejar el agotamiento.

Siempre habrá alguien que necesite tu ayuda y reclame tu tiempo. Por lo tanto, priorizar tus necesidades y tareas más importantes te ayudará a decir «no» a los demás para proteger tu salud y bienestar. En ocasiones, cuando te sientes abrumado, esto implica que debes decirle «no» a tu cónyuge, a tus hijos, padres, amigos, compañeros de trabajo, jefes e incluso a tu pastor.

Esto también incluye decirles «no», sin ambages, a quienes no aceptan un no por respuesta. En ocasiones, la persona que recibe tu negativa puede responder con agresividad y gritarte, insultarte u hostigarte. O puede adoptar una actitud pasivo-agresiva, e intentar culparte o avergonzarte para que digas que sí. Aprender a decir que no de forma asertiva es fundamental para establecer límites sanos y lograr el equilibrio.

Paradójicamente, la persona a la que Craig más necesitaba decirle «no» era a sí mismo, pues tendía a mostrar expectativas poco realistas sobre sí y a luchar con pensamientos automáticos negativos (PNA o ANTs, por sus siglas en inglés) que lo hacían temer fracasar y defraudar a las personas si se negaba a sus peticiones. Cuanto más practicaba el decir «no», con pensamientos auténticos, realistas e inspiradores (GRIT, por sus siglas en inglés), más fácil le resultaba establecer límites y expectativas saludables.

Por otro lado, aprender a pedir ayuda y delegar tareas y responsabilidades es tan importante como aprender a decir que no con asertividad. Saber cómo y a quién pedir ayuda no es un signo de debilidad, sino de sabiduría.

¿Qué necesitas más y qué necesitas menos? A veces, cuando te das cuenta del precio que estás pagando, la idea de incluir más cosas en tu vida diaria pierde su atractivo. Cuando te sientas impulsado a hacer más y más, pregúntate:

- ¿A qué cosas estoy renunciando?
- ¿Qué estoy haciendo con menos frecuencia?
- ¿Qué efecto tiene esto en mi capacidad para cumplir mis funciones como padre, cónyuge, hermano o amigo?

- ¿Dedico tanto tiempo a las actividades de mis hijos que estoy desentendiendo mi matrimonio?
- ¿Estoy tan ocupado con el trabajo que no consigo relacionarme adecuadamente con mi familia o mis amigos?
- ¿He incluido tantas actividades en mi rutina diaria que he terminado por descuidar mi bienestar?

Ten en cuenta que establecer unos límites y un equilibrio saludables nunca será un proceso pasivo, pues debes evaluar constantemente tus prioridades: qué actividades merecen más tiempo y cuáles menos. Así tendrás la certeza de que no descuidas partes importantes de tu vida.

Una parte clave del esfuerzo de Craig para superar el agotamiento fue dedicar menos tiempo a pensar en su carga de trabajo y más tiempo a estar sin su teléfono, pasear con su mujer y realizar actividades que nutrieran otras áreas de su vida. Ser pastor era importante, pero no era la totalidad de su vida. La pregunta «¿qué más necesitas?» lo ayudó a identificar las áreas que requerían más y menos atención.

¿A qué lugar necesitas ir para recuperarte? El entorno puede influir mucho en la capacidad para recuperarse del agotamiento. Por ello, es posible que debas apartarte de aquellos sitios y entornos que desencadenan el estrés.

También puede ser necesario que en tu rutina diaria haya un período en el que te mantengas alejado del teléfono, el correo electrónico, las redes sociales, la televisión y otros dispositivos y plataformas. Tener el teléfono a tu lado permite que otras personas puedan interrumpir tu recuperación. Además, ver las noticias puede ser una fuente de negatividad, lo que dificulta aún más la relajación.

Desconectarte de las redes sociales puede ser un reto si experimentas el miedo a quedar excluido o desinformado. Además, al revisar las publicaciones, existe una tendencia natural a comparar tu vida cotidiana con los momentos más destacados de la vida de los demás, lo cual tiende a distorsionar tu sentido de la realidad social, pues hace que tu vida parezca peor que la de tus amigos, compañeros de trabajo y colegas. Tu espacio para el descanso debe incluir un alejamiento de las plataformas de redes sociales.

A veces, es necesario encontrar un lugar para compartir tiempo con los demás y forjar vínculos personales. Esto es importante si te sientes aislado. Sin embargo, también puede haber momentos en los que necesites un retiro tranquilo lejos de las demás personas, sobre todo si te cuesta proteger tu intimidad y te ves asediado habitualmente por familiares, amigos y compañeros que reclaman tu tiempo y energía. El lugar que elijas para recuperarte debe estar directamente relacionado con tu necesidad de estar (o no estar) cerca de los demás.

Si tus recursos económicos son limitados, las «vacaciones creativas» en casa también son beneficiosas. No necesitas unas vacaciones fascinantes en un yate de lujo para liberar presión. En algunos casos, eso puede ser lo contrario de lo que se necesita para la recuperación. Las vacaciones en casa que incluyen explorar el mundo que nos rodea pueden ser igual de gratificantes.

DESCANSAR Y RECUPERAR ENERGÍAS

El agotamiento profesional es un problema común que va en aumento. A fin de prevenirlo o superarlo es necesario que examines detenidamente cómo empleas tu tiempo y reprogrames tu rutina diaria para poder mantener un ritmo constante y sostenible con intervalos regulares de descanso.

Al examinar su vida, Craig se dio cuenta de que tratar de avanzar siempre a una misma velocidad, y darlo todo, era un ritmo insostenible; lo estaba destrozando. Sin embargo, cuando hizo ajustes en su rutina diaria, sacó el pie del acelerador e hizo las paradas programadas para descansar y recuperar energías, pudo seguir liderando sin desgastarse. Comprendió que podía llegar más lejos y lograr más con un ritmo más suave y estable que con una carrera de velocidad permanente. Al igual que Craig, tú también puedes examinar tu vida y hacer ajustes que incluyan fijar límites saludables y lograr el equilibrio. Cuando lo hagas, tendrás una vida laboral más prolongada, y verás cómo aumenta tu resistencia y tu capacidad para llevar una vida más sostenible, más sana y con más sentido.

PREGUNTAS PARA REFLEXIONAR

1. Califica tu nivel de agotamiento en una escala del uno al diez: uno si tu vida es equilibrada y tranquila y diez si te sientes abrumado y estresado la mayor parte del tiempo. Argumenta tu respuesta.
2. ¿Qué factores sociales y culturales crees que están provocando que personas de todas las edades experimenten el estrés crónico del agotamiento emocional, el desapego y la sensación de agobio?
3. En cuanto a la presión social, la presión en las relaciones, la presión económica y la presión por temas de salud, ¿cuál es la que te causa más estrés en este momento? Argumenta tu respuesta.
4. ¿Por qué crees que al estar abrumados y estresados podemos ignorar a Dios tan fácilmente e incluso alejarnos de él, descuidar la oración, la lectura de la Biblia y no escuchar su susurro?

DIARIO

CONCLUSIÓN

Hemos cubierto un largo trecho desde que emprendimos este recorrido en la introducción. Supongo que puedes haber experimentado momentos emocionalmente intensos en algunas partes del libro. Todos estamos lastimados de alguna manera y no es fácil afrontar nuestro propio dolor ni los problemas de salud mental. Así que, para terminar, quiero darte las gracias.

Gracias por seguir conmigo.

Gracias por hacerle frente a algunos problemas personales que la mayoría de la gente preferiría evitar.

Gracias por aferrarte a Dios y creer que sigue contigo.

Al principio del libro, te prometí que hablaría abiertamente sobre mi vida personal, que compartiría algunas cosas que no esperarías de un pastor.

Creo que lo he conseguido al describir varios de mis momentos emocionales más difíciles, incluida una de las épocas más aterradoras de mi vida, cuando mi cuerpo se apagó y me vine abajo. Intenté expresar mis sentimientos sin reprimirme, y expliqué que sufrí una ansiedad y una angustia emocional graves hasta el punto de no poder recordar gran parte de lo sucedido durante un período de dos semanas. Aunque el diagnóstico fue «agotamiento profesional severo», sentí que mi vida había dado un giro del que no podría recuperarme.

No es fácil escribir estas palabras, pero en mi camino hacia la recuperación y la salud. descubrí que es mejor ser sincero y no guardar secretos. Así que, con el apoyo incondicional de Amy, el sabio consejo de Dr. C., mi responsabilidad ante mis «pilotos de apoyo» y el poder de sanidad de Dios, aprendí principios de salud mental que me permitieron revivir la esperanza y luego alcanzar la sanidad. Estos principios los practicaré el resto de mi vida.

Lo que no sabía cuando comencé a escribir este libro es que, mientras lo hacía, otra crisis de salud mental surgiría en mi vida.

Mi padre falleció.

Si has perdido a uno de tus padres, sabes que puede ser traumático y a menudo provocar depresión, desesperación y un largo período de dolor. No obstante, por extraño que parezca, no fue la muerte de mi padre lo que me afectó, sino su vida anterior. Intentaré explicarlo y compartiré cosas que nunca le he contado a nadie excepto a Amy.

Comencemos por lo bueno, y hay muchas cosas buenas. Cuando mi padre falleció, teníamos una relación muy estrecha, éramos tan cercanos como un padre y un hijo pueden serlo. Durante los últimos años de su vida, hablamos casi todos los días. Y aunque la mayoría de la gente pensaba que no debía hacerlo, oficié su funeral. Era mi obligación, pues nadie más podía honrar como se merecía al hombre en que se había convertido. Mi padre era mi héroe: era piadoso, generoso, cariñoso, paciente y... se mantenía sobrio.

Estas habían sido las cosas buenas.

Veamos ahora lo malo. Nada de eso era cierto en los primeros años. Antes de entregar su vida a Cristo, mi padre había sido alcohólico. De niño, siempre lo veía hacer lo mismo: después del trabajo, se servía un gran vaso de whisky con agua, y al terminar el primero se servía un segundo vaso y luego un tercero. Cuando estaba en casa, todas las noches sin excepción mi padre se emborrachaba.

Si sabes algo sobre el alcoholismo, sabes que afecta a todos los miembros de una familia; así fue con nosotros. Las peleas entre mi madre y mi padre borracho eran fuertes y turbulentas. Mi hermana se enfrentó a sus propios retos con él que no me corresponde compartir. En mi caso, mi tarea (cuando era un niño de seis o siete años) consistía en distraer la atención de mi padre cada vez que traía a casa una nueva botella de whisky escocés de 750 ml (25 onzas fluidas).

Mientras yo lo distraía, mi madre sacaba la gran botella de la bolsa de papel marrón y vertía parte del contenido por el desagüe. Luego, tan rápido como podía, la rellenaba con agua para diluir el alcohol y reducir el efecto de la borrachera nocturna. Una vez fracasé en mi misión. Aquella noche, mi padre bebió de la botella de whisky sin diluir y esto lo afectó más de lo normal. Recuerdo dos sonidos simultáneos. Uno fue un golpe sordo y el otro un grito de dolor. Entonces me di cuenta de que se había caído, se había golpeado la cabeza contra la esquina de una mesa y había perdido el conocimiento, mientras la sangre empapaba la alfombra.

Estas historias (entre muchas otras) ponen de relieve el poder de Dios para cambiar la vida de una persona, porque mi padre se convirtió en uno de los mejores hombres que he conocido. Dedicó sus últimos años a la rehabilitación de adictos, a la labor ministerial en prisiones y al cuidado de los desamparados. En el tiempo que le quedaba, dio lo mejor de sí. Y cuando terminó su carrera, recibió su recompensa celestial.

Los últimos años con él fueron mejores de lo que jamás hubiera imaginado; no así los primeros años. Cuando vives en una familia donde hay una persona con una adicción, rara vez sabes qué esperar de un día para otro. Los expertos explican que quienes viven con alcohólicos suelen tener carencias afectivas, ya que rara vez reciben amor y apoyo emocional de forma constante y sana. Esta carencia afecta a las personas de distintas maneras. Algunos viven con baja autoestima y sienten que nunca dan la talla y que no tienen la capacidad necesaria. Toda mi vida he luchado contra esos sentimientos. Otros se convierten en facilitadores y cubren las necesidades de quienes los rodean, generalmente a costa de su propio autocuidado.

A muchas personas que pasan años junto a familiares con una adicción les resulta difícil (o imposible) establecer relaciones valiosas, transparentes, de confianza y sanas. Algunos (como alguien en mi familia) tienden a distanciarse pronto de los demás porque creen que así se protegen. En el otro extremo (que me describe a mí) están quienes se vuelven excesivamente leales, sin saber pedir lo que necesitan.

Por eso, cuando murió mi padre, aunque sabía que se había convertido en una nueva creación, mi mente no dejaba de rememorar aquellos primeros años.

Un torbellino de preguntas se desató en mi mente. *¿Sabían otras personas de su problema? Si lo sabían, ¿por qué no dijeron nada? ¿Por qué yo no dije nada? ¿Por qué me parecía tan importante guardar el secreto y no pedir ayuda? ¿Era realmente mi papá tan malo? ¿O solo me imaginaba que era malo? ¿En qué medida esa disfunción contribuyó a los problemas que enfrenté más tarde en la vida? ¿Transmitiré algo de eso a las personas que más quiero?*

Mientras compartía mis recuerdos con Dr. C., me explicó que, al escucharme, estaba obteniendo una comprensión más profunda de las fuerzas que en mi infancia contribuyeron a moldear mi vida adulta. Me dijo que las vivencias de la infancia con mi padre dieron lugar en mí a una determinación inusual, una resistencia poco común y una motivación extraordinaria. No obstante, también parecían haber paralizado mi capacidad para pedir y recibir ayuda de los demás.

Fue entonces cuando Dr. C. me dijo que, para avanzar de verdad, tendría que entender lo que necesitaba para sanar. Así que me hizo una pregunta.

Adivina qué me preguntó.

Era la *misma* pregunta que me había hecho cuando identificó mi agotamiento profesional severo.

«¿Qué necesitas?».

Me quedé con la mirada perdida y pensé: *¿Otra vez? ¿Otra vez la misma pregunta?*

Dr. C. me sonrió amablemente y preguntó: «Craig, ¿qué necesitas para sanar?».

Ahora que ya casi termina el tiempo que hemos compartido, quiero hacerte la misma pregunta.

En este momento de tu vida, después de todo lo que has vivido, ¿qué necesitas para seguir adelante?

¿Qué le falta a tu vida?

¿Qué necesitas para estar mentalmente sano?

¿Puedes responder con sinceridad?

Porque ahora es el momento.

Recuerda que si no puedes definir algo no podrás cambiarlo.

Piensa en ello y sé lo más sincero posible.

¿Qué parte de ti está lastimada?

¿Qué necesitas sanar?

De todo corazón, creo que has leído este libro porque Dios quiere hacer una obra en ti. Tal vez has enfrentado dificultades durante años, pero siempre creíste que los cristianos no debían tener problemas de salud mental. Sin embargo, ahora sabes con certeza que Dios te comprende y se preocupa por ti. Y sabes que buscar ayuda no es una muestra de debilidad, sino de sabiduría.

Puede que hayas padecido constantemente de ansiedad o depresión y que por fin estés preparado no solo para sentir tus emociones, sino también para nombrarlas. Sabes que tus emociones son reales pero incompletas. Son válidas, pero no son permanentes. *Son* lo que sientes, pero no lo que eres.

Si sientes la tentación de quedarte estancado en patrones de pensamiento negativo, debes recordar que tus pensamientos son extremadamente poderosos y que tienes un enorme poder sobre ellos.

¿QUÉ NECESITAS PARA SEGUIR ADELANTE?

Cuando sientas que tu corazón comienza a llenarse de enojo, reconocerás que, aunque el enojo no es un pecado, a menudo conduce a él y le abre la puerta a Satanás. Así que llevarás tu enojo ante Dios, lo someterás a él y encontrarás sanidad en su presencia.

Si has sido víctima de injusticias, si has sufrido el dolor, la traición o el abuso, debes saber que no estás solo. Nunca es fácil, pero puedes hacer frente al dolor y acudir a Dios con tu trauma. Tomará tiempo, pero con la ayuda de Dios, un día encontrarás un propósito en tu trauma, y usarás la experiencia de lo vivido para ayudar a personas con sufrimientos similares.

Si estás a punto de rendirte o te sientes agotado, puedes acudir a Dios. Oirás su voz. Será como un murmullo, más bien un susurro. Y susurra porque está cerca, y porque quiere que te acerques a él.

No sé qué crisis de salud mental puedas estar enfrentando ahora ni cuál podría ser la próxima, pero sí sé que, con Dios, algunos amigos que te apoyen y los principios que has aprendido en este libro, tienes todo lo que necesitas para superarla.

¿Estás preparado?

¿Listo para arriesgarte?

¿Dispuesto a pedir ayuda?

¿Preparado para hablar abiertamente?

¿Listo para hacer el esfuerzo?

¿Preparado para afrontar el dolor?

¿Listo para sanar?

Entonces acude a Jesús.

Él es el Buen Pastor que restaura tu alma.

Él es la Luz del mundo; su luz vencerá tus tinieblas.

Cuando estás deprimido, él es tu paz. (Una paz que se multiplica sin límite).

Cuando estés solo, puedes tenerlo como amigo.

Él es el Pan de Vida y el Agua Viva. Cuando acudas a él, nunca más tendrás hambre ni sed.

Él es tu roca, tu escudo, tu fortaleza, tu ayuda siempre presente en tiempos de angustia.

Él es el Cordero de Dios, el León de Judá, el Rey de reyes y el Señor de señores. También es el Sumo Sacerdote que comprende todo lo que has pasado y soportado, y eso te permite acudir a él con confianza y fe para encontrar la ayuda que necesites.

Porque ahora mismo, mientras lees estas palabras, Jesús está sentado a la derecha de su Padre, intercediendo por ti.

Entonces, puesto que él está contigo, en ti, para ti e intercediendo por ti, yo diría que este es el momento.

Ya es hora de sanar tu mente herida.

> No tengas miedo, porque yo estoy contigo;
>> no te desalientes, porque yo soy tu Dios.
> Te daré fuerzas y te ayudaré;
>> te sostendré con mi mano derecha victoriosa. (Is 41:10, NTV)

PREGUNTAS PARA REFLEXIONAR

1. En cuanto a mi frase: «Gracias por hacerle frente a algunos problemas personales que la mayoría de la gente preferiría evitar», ¿cuál es tu problema más complejo y por qué te resulta difícil afrontarlo?
2. En cuanto a mi frase: «Gracias por aferrarte a Dios y creer que sigue contigo», ¿en qué medida se ha incrementado o cambiado tu fe desde que empezaste a leer el libro?
3. ¿Qué necesitas para sanar? ¿Qué riesgo te está llamando Dios a correr? Sé tan específico como puedas.

PREGUNTAS GENERALES PARA REFLEXIONAR

1. Ahora que has terminado el libro, ¿en qué medida ha cambiado o ha sido afectada tu perspectiva de la salud mental, sobre todo en lo que respecta a tu relación con Dios?
2. Si leíste el libro con la esperanza de encontrar ayuda en alguna de las áreas específicas de salud mental que tratamos, ¿obtuviste alguna nueva comprensión sobre cómo aplicar la verdad y los principios de Dios a esa área de tu vida? Argumenta tu respuesta.
3. Al leer alguno de los capítulos, ¿te diste cuenta de algo que te sorprendió o te brindo una comprensión renovada de un tema?
4. ¿Qué es lo más valioso que aprendiste o lo que más te llamó la atención del contenido de este libro?
5. Al reflexionar sobre tu lectura del libro, ¿hubo algún momento en el que sentiste que Dios se acercaba a ti y te susurraba? De ser así, ¿qué te dijo? Sé tan específico como puedas.

DIARIO

APÉNDICE

Errores de pensamiento

El cinismo en las relaciones	Tienes una actitud de profunda desconfianza hacia las personas, crees que no se puede confiar en los demás pues son egoístas, deshonestos y manipuladores.	**El sesgo del punto ciego**	Crees que eres menos tendencioso que otras personas y puedes identificar sesgos cognitivos en los demás, pero no en ti mismo.
El sesgo de negatividad	Pasas por alto lo bueno y solo ves lo malo en ti mismo, en los demás y en las situaciones que te rodean.	**La ilusión de control**	Cree que puedes controlar acontecimientos de tu vida sobre los que, en realidad, no tienes ningún control.
Los pensamientos polarizados (todo o nada)	Ves las situaciones, a las personas o a ti mismo en categorías extremas (p. ej., «perfecto» o «fracasado») sin reconocer las zonas grises.	**La generalización excesiva**	Sacas conclusiones generales y absolutas a partir de un único suceso o crees que un suceso negativo aislado es un patrón predecible.
La mentalidad de víctima	Te ves constantemente como víctima de las acciones negativas de otros o de las circunstancias, incluso cuando las pruebas indican lo contrario.	**Sacar conclusiones precipitadas**	Sacas conclusiones precipitadas sin pruebas o sin examinar toda la información disponible o necesaria.

El sesgo de confirmación	Buscas pruebas que confirmen lo que ya crees e ignoras o descartas las opiniones y las pruebas contrarias.	La lectura de la mente	Crees saber lo que piensan o sienten otras personas sin tener ninguna prueba real.
La falacia del mundo justo	Crees que el mundo es justo: que las personas buenas recibirán cosas buenas y las malas serán castigadas.	La adivinación	Cree que el futuro ya está decidido de antemano y que puedes predecir resultados con certeza sin pruebas suficientes.
El efecto de tercera persona	Crees que los medios de comunicación y las redes sociales ejercen una gran influencia sobre otras personas, pero no sobre ti.	La magnificación o la minimización	Crees que te va a ocurrir lo peor (catastrofismo) o le restas importancia al efecto de los acontecimientos negativos en tu vida.
Declaraciones condicionales	Te asignas a ti mismo o a otras personas etiquetas globales y rígidas a partir de un único comportamiento o suceso. (P. ej., después de fallar en un examen: «Soy un fracasado»).	Razonamiento emocional	Crees que lo que sientes siempre refleja la realidad objetiva, aunque no haya pruebas de ello.
El etiquetado	Crees en etiquetas excesivamente negativas o positivas respecto a ti mismo o a otras personas. (P. ej.: «No valgo para nada»).	Punto ciego del sesgo	La creencia de que tú eres menos parcial que otras personas y que puedes identificar sesgos cognitivos en los demás; sin embargo, no los identificas en ti mismo.

AGRADECIMIENTOS

Quiero expresar mi más profundo agradecimiento a todos mis amigos y familiares que contribuyeron a dar forma a este mensaje.

A Amy Groeschel: eres mi mejor amiga y la mujer de mis sueños. Gracias por apoyarme incondicionalmente, por servir a Jesús a mi lado y por entregar tu corazón para amar y servir a los demás con excelencia. Te amo hoy y siempre.

Vince Antonucci, eres el mejor. No podría escribir un libro sin tu perspicacia, tu sabiduría y tu talento. Todo proyecto en el que participas gana en fuerza, claridad y profundidad. Tu amor por Dios y tu pasión por el ministerio se reflejan en todo lo que haces. Enriqueces cada página con un valor incalculable, al aportar siempre lo mejor de ti, y aún más. Gracias por tu amistad y por hacer que mis ideas sean siempre más claras y que mis libros mejoren.

Robert Noland, pusiste tu corazón en este proyecto, y eso se refleja en cada página. Tu dedicación personal, tu profunda perspicacia y el empeño por hacer que este libro sea lo mejor posible significan más de lo que puedo expresar. Gracias por el tiempo, la dedicación y la pasión que le aportaste a esta obra.

Adrianne Manning, ¿qué sería de nosotros sin ti? Tu amor por estos proyectos ministeriales es incomparable. Gracias por volcar el alma en cada detalle y por garantizar que cada palabra tenga el poder de cambiar vidas. Eres una profesional de primer nivel en lo que haces y ha sido un privilegio trabajar contigo.

Katherine Fedor, gracias por darte cuenta de lo que a los demás se nos escapó. Tu aguda mirada y tu atención al detalle fueron indispensables, y te estoy profundamente agradecido por tu entrega.

Jenn McCarty, Blake DePrato, Ali Bergin, Leanna Romoser, Emilee Rowles, Mark Dawson, Sam Naifeh, Stu Adams, Chandler Ward, Hannah Hladek, Rachel Feuerborn, Sam Larrabee, Jon Stephens, Bryan Wilson y Jordan West: su aporte fue crucial para robustecer este mensaje y ampliar su alcance. Gracias a todos por su compromiso total y extraordinario.

Webster Younce, Brian Phipps, Curt Diepenhorst, Katie Painter y todo el equipo de Zondervan: es un privilegio trabajar con ustedes en este proyecto editorial. Su compromiso con la excelencia y su enfoque en la misión son indispensables. Estoy agradecido por su labor de llevar mensajes de esperanza al mundo.

Tom Winters: eres un agente extraordinario y un gran amigo. Gracias por guiarme a través de las complejidades del mundo editorial y por trabajar incansablemente para ampliar el alcance de estos mensajes.

Y, por último, a ti, que me lees: gracias por confiar en mí para acompañarte en este recorrido. Mi oración es que, al acercarte más a Jesús, encuentres la sanidad de las heridas pasadas, la liberación de toda ansiedad y esa paz profunda y duradera que solo él puede otorgar. Sea cual sea la carga que lleves, no tienes por qué enfrentarla solo. Dios te ve, se preocupa por ti y está a tu lado en cada batalla. No importa qué tormentas lleguen a tu vida, que su presencia calme tu corazón y su amor dé firmeza a tu alma. No estás solo; Dios te ama profundamente.

NOTAS

INTRODUCCIÓN

1. M. Scott Peck, *El camino menos transitado: Hacia una psicología del amor, los valores tradicionales y el crecimiento espiritual* (Barcelona: Vergara, 2019), p. 133.

CAPÍTULO I.2: DEFINICIÓN DE SALUD MENTAL

1. Peter Scazzero, *Espiritualidad emocionalmente sana: Es imposible tener madurez espiritual si somos inmaduros emocionalmente* (Miami, FL: Editorial Vida, 2015), p. 212.

CAPÍTULO I.5 MITO 3: DIOS NO SE INTERESA EN LOS PROBLEMAS DE SALUD MENTAL

1. Walter Brueggemann, *The Message of the Psalms: A Theological Commentary* [El mensaje de los Salmos: Un comentario teológico] (Minneapolis: Augsburg, 1984), p. 78.
2. Bill Gaultiere, «How to Feel Your Emotions with Jesus» [Cómo experimentas tus emociones con Jesús], Soulshepherding, www.soulshepherding.org/how-to-feel-your-emotions-with-jesus/, accedido 7 de mayo del 2025.

REFLEXIONES DE DR. C.

1. «Mental Health by the Numbers» [La salud mental en cifras], National Alliance on Mental Illness, actualizado en abril del 2023, www.nami.org/about-mental-illness/mental-health-by-the-numbers/.
2. «Mental Health by the Numbers» [La salud mental en cifras]. Ver también Douglas Richesson y Jennifer M. Hoenig, «Key Substance Use and Mental Health Indicators in the United States: Results from the 2020 National Survey on Drug Use and Health» [Indicadores clave sobre el consumo de sustancias y la salud mental en Estados Unidos: resultados de la Encuesta Nacional del 2020 sobre el uso de drogas y la salud], Substance Abuse and Mental Health Services Administration, octubre del 2021, www.samhsa.gov/data/sites/default/files/reports/rpt35325/

NSDUHFFRPDFWHTMLFiles2020/2020NSDUHFFR1PDFW102121.
pdf.

3. «Mental Health Has Bigger Challenges Than Stigma: Rapid Report; Mental Health Million Project 2021» [La salud mental tiene desafíos más grandes que el estigma: Informe rápido; Mental Health Million Project 2021], Sapien Labs, https://mentalstateoftheworld.report/wp-content/uploads/2021/05/Rapid-Report-2021-Help-Seeking.pdf; Michael T. Nietzel, «Almost Half of Americans Don't Seek Professional Help for Mental Disorders» [Casi la mitad de los estadounidenses no buscan asistencia profesional para atender los trastornos de salud mental], *Forbes*, 24 de mayo del 2021, www.forbes.com/sites/michaeltnietzel/2021/05/24/why-so-many-americans-do-not-seek-professional-help-for-mental-disorders/?sh=1e18cd033de7.

CAPÍTULO 2.2: ¿NO TE SIENTAS ANSIOSO?

1. Robert L. Leahy, *Anxiety Free: Unravel Your Fears Before They Unravel You* [Libre de ansiedad: Domina tus miedos antes de que ellos te dominen a ti] (Carlsbad, CA: Hay House, 2009), p. 4.

2. «Anxiety Disorders» [Trastornos de ansiedad], National Alliance on Mental Illness, revisado en diciembre de 2017, www.nami.org/about-mental-illness/mental-health-conditions/anxiety-disorders/#:~:text=Anxiety%20disorders%20are%20the%20most,issues%20with%20anxiety%20each%20year.

3. Glenn O'Neal, «Americans' Overall Level of Anxiety About Health, Safety, and Finances Remain High» [El nivel general de ansiedad de los estadounidenses respecto a la salud, la seguridad y las finanzas se mantiene alto], American Psychiatric Association, 21 de mayo del 2019, https://medicalxpress.com/news/2019-05-americans-anxiety-health-safety-high.html.

4. Jungmin Lee et al., «Stress, Anxiety, and Depression Among Undergraduate Students During the COVID-19 Pandemic and Their Use of Mental Health Services» [El estrés, la ansiedad y la depresión entre los estudiantes universitarios durante la pandemia de la COVID-19 y el uso que hicieron de los servicios de salud mental], *Innovative Higher Education* 46, núm. 5 (23 de abril del 2021): pp. 519-38, https://doi.org/10.1007/s10755-021-09552-y/.

5. Ashleigh Garrison, «Antianxiety Drugs—Often More Deadly Than Opioids—Are Fueling the Next Drug Crisis in US» [Los fármacos contra la ansiedad, a menudo más peligrosos que los opioides, están impulsando la próxima crisis farmacológica en EE. UU.], CNBC, 3 de agosto del 2018, www.cnbc.com/2018/08/02/antianxiety-drugs-fuel-the-next-deadly-drug-crisis-in-us.html.

6. «World Drug Report 2018: Opioid Crisis, Prescription Drug Abuse Expands; Cocaine and Opium Hit Record Highs» [Informe mundial sobre Drogas 2018: la crisis de los opioides y el abuso de fármacos de prescripción se agravan; la cocaína y el opio alcanzan máximos históricos], United Nations Office on Drugs and Crime, 26 de junio del 2018, www.unodc.org/unodc/en/

frontpage/2018/June/world-drug-report-2018_-opioid-crisis--prescription-drug-abuse-expands-cocaine-and-opium-hit-record-highs.html.

CAPÍTULO 2.3: ES TIEMPO DE ORAR

1. Megan Kelly, «The Brain and Body! How Prayer Changes the Brain and Body» [¡El cerebro y el cuerpo! Cómo la oración cambia le cerebro y el cuerpo], Renewing All Things, 9 de junio del 2015, https://renewingallthings.com/how-prayer-changes-the-brain-and-body/.
2. «Neuroplasticity» [Neuroplasticidad], Physiopedia, www.physio-pedia.com/Neuroplasticity.
3. Durante años se lo llamó reflejo de «lucha o huida», pero los expertos señalan que en realidad es un mecanismo de «lucha, huida o bloqueo». Ver Kirsten Nunez, «Fight, Flight, Freeze: What This Response Means» [Lucha, huida, bloqueo: Qué significan estas respuestas], Healthline, 10 de febrero del 2023, www.healthline.com/health/mental-health/fight-flight-freeze, para mayor información.

CAPÍTULO 2.4: ES TIEMPO DE HACER UNA PAUSA

1. Para conocer más sobre el test StrengthsFinder, que ahora se denomina CliftonStrengths, ver www.gallup.com/cliftonstrengths/en/252137/home.aspx.

REFLEXIONES DE DR. C.

1. «Anxiety Disorders—Facts and Statistics» [Trastornos de ansiedad, datos y estadísticas], Anxiety and Depression Association of America, https://adaa.org/understanding-anxiety/facts-statistics#Facts%20and%20Statistics.
2. «Any Anxiety Disorder» [Cualquier trastorno de ansiedad], National Institute of Mental Health, www.nimh.nih.gov/health/statistics/any-anxiety-disorder.
3. Estudios relevantes que describen cómo los buenos hábitos ayudan a controlar la ansiedad incluyen:
   - Sandra Silva y Traci Pedersen, «Can Meditation Help Relieve Anxiety Symptoms?» [¿Puede la meditación aliviar los síntomas de la ansiedad?], PsychCentral, actualizado el 23 junio del 2021, https://psychcentral.com/anxiety/meditation-for-anxiety.
   - Michelle Murphy y Julian G. Mercer, «Diet-Regulated Anxiety» [Cómo la dieta regula la ansiedad], International *Journal of Endocrinology*, 20 de agosto del 2013, https://pmc.ncbi.nlm.nih.gov/articles/PMC3762204/.
   - Uma Naidoo, MD, «Eating Well to Help Manage Anxiety: Your Questions Answered» [Comer bien para ayudar al control de la ansiedad: Respuestas a tus preguntas], Harvard Health Publishing, 27 de octubre del 2020, www.health.harvard.edu/blog/eating-well-to-help-manage-anxiety-your-questions-answered-2018031413460#:~:text=People%20who%20

suffer%20with%20anxiety%20should%20remember%20a,six%20to%20eight%20glasses%20a%20day.%20More%20items.

- Eric Suni, «Mental Health and Sleep» [La salud mental y el sueño], Sleep Foundation, actualizado el 26 de marzo del 2024, www.sleepfoundation.org/mental-health.

CAPÍTULO 3.1: INTRODUCCIÓN

1. «Depressive Disorder (Depression)» [Trastorno depresivo (Depresión)], World Health Organization, 31 de marzo del 2023, www.who.int/news-room/fact-sheets/detail/depression.

2. «Depression» [Depresión], Amen Clinics, www.amenclinics.com/conditions/depression/.

3. «Martin Luther: Greatness in the Face of Depression» [Martín Lutero: Su grandeza frente a la depresión], Wounded Birds Ministry, www.woundedbirdsministry.com/martin-luther-greatness-face-depression/.

4. C. H. Spurgeon, Lectures to My Students: Addresses Delivered to the Students of the Pastors' College, Metropolitan Tabernacle [Conferencias a mis estudiantes: Charlas dirigidas a los alumnos del Seminario de Pastores del Tabernáculo Metropolitano] (Nueva York: Robert Carter and Brothers, 1889), 1:167.

5. «America's Gandhi: Rev. Martin Luther King Jr.» [El Gandhi estadounidense: Reverendo Martin Luther King Jr.], *Time*, 3 de enero de 1964, p. 3, https://content.time.com/time/subscriber/article/0,33009,940759-3,00.html.

6. George Graham, «Unwholly Bound: Mother Teresa's Battles with Depression» [No del todo atada: Las batallas de la Madre Teresa contra la depresión], OUPblog, 13 de abril del 2016, https://blog.oup.com/2016/04/mother-teresa-depression/.

7. Se dice que Salmos 42 es «de los hijos de Coré», pero la mayoría de los estudiosos considera que su autor fue David. Los hijos de Coré eran los líderes de adoración.

8. Gary McBrine, «How to Recognize the Mask of Smiling Depression» [Cómo reconocer la máscara de una persona que sonríe cuando en verdad está deprimida], Medium, 12 de enero del 2021, https://medium.com/illumination/how-to-recognize-the-mask-of-smiling-depression-1aea9680e990.

CAPÍTULO 3.3: LA PERSONA QUE HA PRESENCIADO EL SUFRIMIENTO

1. «State of the Global Church in 2023» [El estado de la Iglesia global en 2023], Beacon Partnerships, www.beaconpartnerships.org/state-of-the-global-church-in-2023/#:~:text=A%20lack%20of%20Theological%20Training,those%20with%20bi%2Dvocational%20roles.

2. «Clergy» [El clero], DataUSA, datos para el 2022, https://datausa.io/profile/soc/clergy.

3. Edward Tabor Linenthal, «Oklahoma City Bombing» [El atentado terrorista

en Oklahoma], *The Encyclopedia of Oklahoma History and Culture*, Oklahoma Historical Society, www.okhistory.org/publications/enc/entry?entry=OK026.

CAPÍTULO 3.4: RECONOCE TUS EMOCIONES

1. Jennifer Rollin, «Three Reasons to Let Yourself Feel Your Emotions» [Tres razones por las que debes permitirte sentir tus emociones], *Psychology Today*, 25 de noviembre del 2016, www.psychologytoday.com/us/blog/mindful-musings/201611/3-reasons-let-yourself-feel-your-emotions.

2. Jared B. Torre y Matthew D. Lieberman, «Putting Feelings into Words: Affect Labeling as Implicit Emotion Regulation» [Convertir los sentimientos en palabras: La etiquetación afectiva como regulación emocional implícita], *Emotion Review* 10, núm. 2 (20 de marzo del 2018): pp. 116-24, https://doi.org/10.1177/1754073917742706.

3. Torre y Lieberman, «Putting Feelings into Words» [Convertir los sentimientos en palabras].

CAPÍTULO 3.6: RECONOCE QUE NECESITAS AYUDA

1. John T. Cacioppo et al., «Loneliness as a Specific Risk Factor for Depressive Symptoms: Cross-Sectional and Longitudinal Analyses» [La soledad como un factor de riesgo específico para los síntomas de depresión: Análisis transversal y longitudinal], *Psychology and Aging* 21, núm. 1 (21 de marzo del 2006): pp. 140-51, https://doi.org/10.1037/0882-7974.21.1.140.

2. Dave Smallen, «Human Connection Boosts Our Mental Health: Here Are Four Ways We Can Connect with Others» [Las relaciones interpersonales benefician nuestra salud mental: He aquí cuatro formas de vincularnos con los demás], Foro Económico Mundial, 29 de julio del 2022, www.weforum.org/agenda/2022/07/mental-health-connection-psychology-relationships#:~:text=Feeling%20well%20connected%20to%20other,to%20enhance%20our%20mental%20health.

3. Dr. Emma Seppala, «Connectedness and Health: The Science of Social Connection» [Los vínculos humanos y la salud: La ciencia de las relaciones sociales], Stanford Medicine, 8 de mayo del 2014, http://ccare.stanford.edu/uncategorized/connectedness-health-the-science-of-social-connection-infographic/#:~:text=People%20who%20feel%20more%20connected,trusting%20and%20cooperating%20with%20them.

4. «Making Connections During Depression» [El establecimiento de vínculos con otras personas durante la depresión], Vantage Point, https://vantagepointrecovery.com/making-connections-in-depression.

5. Ryan Griffith, «Martin Luther's Shelter Amid the Flood of Depression» [La protección de Martín Lutero durante sus momentos de gran depresión], Coalición por el evangelio, 6 de julio del 2017, www.thegospelcoalition.org/article/martin-luthers-shelter-amid-flood-of-depression/.

6. Griffith, «Martin Luther's Shelter Amid the Flood of Depression» [La protección de Martín Lutero durante sus momentos de gran depresión].

7. «Diary, Letters and Records, Chapter 49» [Diario, cartas y documentos, capítulo 49], BibleExplore.com, www.godrules.net/library/spurgeon/NEW8spurgeon_b19.htm.

8. Gloria Furman, «Kissing the Wave» [Besar la ola], Desiring God, 10 de septiembre del 2013, www.desiringgod.org/articles/kissing-the-wave.

9. Ray Rhodes Jr., «Spurgeon's Advice for Suffering Christians» [Consejo de Spurgeon a los cristianos que sufren], Southern Equip, 17 de noviembre del 2017, https://equip.sbts.edu/article/spurgeons-advice-suffering-christians/.

CAPÍTULO 3.7: ENCUENTRA LA LUZ EN LA OSCURIDAD

1. «Negative Thinking: Do You Have an ANT Infestation in Your Head?» [El pensamiento negativo: Sufres una invasión de pensamientos automáticos negativos], Amen Clinics, 5 de agosto del 2024, www.amenclinics.com/blog/negative-thinking-do-you-have-an-ant-infestation-in-your-head/#:~:text=WHAT%20ARE%20ANTs%3F,couples%20who%20hated%20each%20other.

REFLEXIONES DE DR. C.

1. María A. Villarroel y Emily P. Terlizzi, «Symptoms of Depression Among Adults: United States, 2019» [Síntomas de depresión entre la población adulta: Estados Unidos, 2019], NCHS Data Brief, núm. 379 (septiembre del 2020), www.cdc.gov/nchs/data/databriefs/db379-H.pdf.

2. «Medicines Used in Mental Health: England, April 2015 to December 2020» [Fármacos empleados en problemas de salud mental: Inglaterra, de abril del 2015 a diciembre del 2020], NHSBSA, 4 de marzo del 2021, https://nhsbsa-opendata.s3.eu-west-2.amazonaws.com/mumh-2021-q3-narrative-v001.html.

3. Nancy Schimelpfening, «The Chemistry of Depression: What Is the Biochemical Basis of Depression?» [La bioquímica de la depresión: ¿Cuál es el fundamento bioquímico de la depresión?], Verywell Mind, actualizado por última vez el 21 de julio del 2024, www.verywellmind.com/the-chemistry-of-depression-1065137.

CAPÍTULO 4.1: INTRODUCCIÓN

1. Paul Tripp, «Talking to Yourself» [Hablar contigo mismo], Wednesday Word, 13 de marzo del 2013, www.paultripp.com/wednesdays-word/posts/talking-to-yourself.

CAPÍTULO 4.2: ANALICEMOS LA NEGATIVIDAD

1. El Urban Dictionary [Diccionario urbano], en inglés, define «Karen» como una persona de mediana edad, hombre o mujer, que se queja de todo con una actitud desconectada de la realidad y engreída.

2. Alison Ledgerwood, «Getting Stuck in the Negatives (and How to Get Unstuck)» [Cuando nos quedamos atascados en lo negativo (y cómo salir

del atascamiento)], TEDx Talks, Youtube, junio 22, 2013, 2:22 a 3:33, www.
youtube.com/watch?v=7XFLTDQ4JMk.

3. Karen Lawson, «How Do Thoughts and Emotions Affect Health?» [¿Cómo
los pensamientos y las emociones afectan la salud?], University of Minnesota,
www.takingcharge.csh.umn.edu/how-do-thoughts-and-emotions-affect-
health#:~:text=Negative%20attitudes%20and%20feelings%20of,and%20
damages%20the%20immune%20system.

4. Bree Maloney, «The Effects of Negativity» [Los efectos de la
negatividad], Marque Medical, https://marquemedical.com/effects-of-
negativity/#:~:text=Though%20some%20stress%20is%20good,get%20
more%20sick%20than%20optimists.

CAPÍTULO 4.3: IDENTIFICA TU NEGATIVIDAD

1. Matthew Moore, «How Many Girlfriends Seinfeld Had During the Show's
Nine-Year Run» [¿Cuantas novias tuvo Seinfeld durante los nueve años del
programa?], Screen Rant, 26 de julio del 2023, https://screenrant.com/how-
many-girlfriends-seinfeld-had/#:~:text=Jerry%20Seinfeld%20had%2073%20
girlfriends,avoiding%20stale%20or%20repetitive%20plots.

CAPÍTULO 4.5: ME HABLO A MÍ MISMO

1. Kristin Wong, «The Benefits of Talking to Yourself» [Los beneficios de
hablarse a uno mismo], *New York Times*, 8 de junio del 2017, www.nytimes.
com/2017/06/08/smarter-living/benefits-of-talking-to-yourself-self-talk.html.

2. Kathy A. Feinstein, «Mantras for Sports Performance» [Mantras
para mejorar el rendimiento deportivo], KAF Counseling and Sports
Performance, 16 febrero del 2019, www.kafcounselingandsportperformance.
com/blog/mantras-sports-performance#:~:text=Athletes%20use%20
mantras%3B,focused%2C%20on%20target%20and%20positive.

CAPÍTULO 4.6: RUMIO

1. Ver, por ejemplo, Josué 1:8; Salmos 1:2; 48:9; 77:12; 119:23, 27; 143:5; 145:5.

REFLEXIONES DE DR. C.

1. Julie Tseng y Jordan Poppenk, «Brain Meta-State Transitions Demarcate
Thoughts Across Task Contexts Exposing the Mental Noise of Trait
Neuroticism» [Las transiciones de meta-estado cerebral delimitan los
pensamientos en distintos contextos de tarea, revelando el ruido mental
asociado al rasgo de neuroticismo], Nature Communications, 13 de julio
del 2020, www.nature.com/articles/s41467-020-17255-9; Anne Craig,
«Discovery of 'Thought Worms' Opens Window to the Mind» [El hallazgo
de «gusanos del pensamiento» nos permite observar la mente como nunca
antes], Queen's Gazette, 13 de julio del 2020, www.queensu.ca/gazette/stories/
discovery-thought-worms-opens-window-mind.

CAPÍTULO 5.1: INTRODUCCIÓN

1. Pablo expresa la misma idea en Colosenses 3:8: «Pero ahora abandonen también todo esto: enojo, ira, malicia, calumnia y lenguaje obsceno».

CAPÍTULO 5.3: ¡ESO (NO) ES SORPRENDENTE!

1. Brant Hansen, *Unoffendable: How Just One Change Can Make All of Life Better* [Inmune a las ofensas: Cómo un simple cambio puede hacer nuestra vida mejor] (Nashville: Thomas Nelson, 2023), pp. 31-32.
2. Hansen, *Unoffendable* [Inmune a las ofensas], pp 32-33.
3. Isabel Fattal, «Your Lying Mind» [Tu mente embustera], *The Atlantic*, 4 de febrero del 2023, www.theatlantic.com/newsletters/archive/2023/02/brains-mind-change-delusion/672949/.
4. He aquí algunos estudios que describen este sesgo de «mejor que el promedio»:
   - Alex Lightman, «Get Real: Why over 90 Percent of Americans Think They Are Above Average Drivers and How to Know Precisely Who Is and Is Not a Good Driver» [Hablemos claro: Por qué el 90 % de los estadounidenses piensan que son mejores conductores que el promedio y cómo saber exactamente quién es y quién no es un buen conductor], Center for Smart Transportation, 15 de marzo del 2017, www.smarttranspo.com/blog/2017/4/15/get-real-why-over-90-of-americans-think-they-are-above-average-drivers-and-how-to-know-precisely-who-is-and-is-not-a-good-driver.
   - Jeffrey R. Young, «Most Professors Think They're Above-Average Teachers. And That's a Problem» [La mayoría de los profesores considera que son mejores que el promedio de sus colegas; y eso es un problema], EdSurge, 24 de mayo del 2018, www.edsurge.com/news/2018-05-24-most-professors-think-they-re-above-average-teachers-and-that-s-a-problem.
   - «Everyone Thinks They Are Above Average» [Todo el mundo piensa que está por encima del promedio], Psychology, Riot Room, https://riot-room.com/everyone-thinks-they-are-above-average/#:~:text=Students%20were%20divided%20into%20quartiles,which%20is%20of%20course%20impossible!.
5. Ben Yagoda, «Your Lying Mind: The Cognitive Biases Tricking Your Brain» [Tu mente embustera: Los sesgos cognitivos que engañan tu cerebro], *The Atlantic*, septiembre del 2018, www.theatlantic.com/magazine/archive/2018/09/cognitive-bias/565775/.

CAPÍTULO 5.4: CUATRO PREGUNTAS PERSONALES

1. Stephen Covey, *Habit Five: Seek First to Understand, Then to Be Understood* [Hábito cinco: Esforzarse por entender primero, para que luego te entiendan], audio (Salt Lake City: Franklin Covey Company, enero del 2006).
2. Sarah Regan y Nicole Beurkens, «How to Use the Anger Iceberg to Work Through Conflict and Emotions» [Cómo usar el iceberg del enojo para solucionar conflictos y emociones], mindbodygreen, 28 de junio del

2020, www.mindbodygreen.com/articles/the-anger-iceberg-and-how-to-work-with-it-effectively?srsltid=AfmBOooSVox0sYrOn5TKUm mIC-HKp_FbRkLYzPO2NjKgWEWRQ9bqonHp.

3. «Aggressive Driving and Road Rage» [La conducción agresiva y la ira al volante], SafeMotorist.com, www.safemotorist.com/articles/road-rage/.

4. Cydney Henderson, «Rep. Dan Crenshaw, Who Was Dissed by Pete Davidson, Calls Comedian After Troubling Post» [El representante Dan Crenshaw, quien fue menospreciado por Pete Davidson, llama al comediante luego de que este publicara en redes un post preocupante], *USA Today*, 18 de diciembre del 2018, www.usatoday.com/story/life/people/2018/12/18/rep-elect-dan-crenshaw-called-pete-davidson-after-comedians-troubling-post/2357707002/.

REFLEXIONES DE DR. C.

1. Mayumi Okuda et al., «Prevalence and Correlates of Anger in the Community: Results from a National Survey» [Prevalencia y correlatos de la ira en la comunidad: Resultados de una encuesta nacional], CNS Spectrums, 1 de abril del 2016, https://pmc.ncbi.nlm.nih.gov/articles/PMC4384185/.

2. *Diagnostic and Statistical Manual of Mental Disorders-V* [Manual diagnóstico y estadístico de trastornos mentales (DSN-5)], American Psychiatric Association.

CAPÍTULO 6.I: INTRODUCCIÓN

1. Según el Diccionario de Psicología de la Asociación Estadounidense de Psicología, el trauma es toda experiencia estresante extrema que se produce en respuesta a un suceso (como puede ser una violación, una guerra o un accidente industrial) y que genera miedo, desesperanza, disociación, confusión u otros sentimientos disruptivos (incluida la ansiedad, la depresión y el enojo) con una intensidad tal que tienen un efecto negativo duradero en el funcionamiento emocional, social y conductual de una persona. El trauma comúnmente se desencadena debido a sucesos que resultan en una amenaza de muerte, una lesión grave real o imaginada o violencia sexual, y que alteran la visión que la persona tiene del mundo como un lugar justo, seguro y predecible.

2. C. Benjet et al., «The Epidemiology of Traumatic Event Exposure Worldwide: Results from the World Mental Health Survey Consortium» [La epidemiología de la exposición a sucesos traumáticos a nivel global: Resultados del Consorcio Mundial de Encuestas de Salud Mental], Cambridge University Press, 29 de octubre del 2015, www.cambridge.org/core/journals/psychological-medicine/article/epidemiology-of-traumatic-event-exposure-worldwide-results-from-the-world-mental-health-survey-consortium/F06E14BA4DF09A29CCA81909C285ABE9.

3. Jayne Leonard, «What Is Trauma? What to Know» [¿Qué es el trauma? Lo que debemos saber], *Medical News Today*, 3 de junio 3 del 2020, www.medicalnewstoday.com/articles/trauma.

4. Barna Group, *Trauma in America: Understanding How People Face Hardships*

and How the Church Offers Hope [El trauma en Estados Unidos: Entender cómo las personas enfrentan las dificultades y cómo la iglesia brinda esperanza] (Nueva York: American Bible Society, 2020), p. 25.

5. Tori DeAngelis, «The Legacy of Trauma» [El legado del trauma], American Psychological Association, febrero del 2019, www.apa.org/monitor/2019/02/legacy-trauma.

6. Shaziya Allarakha, «What Are the Three Types of Trauma?» [¿Cuáles son los tres tipos de trauma?], MedicineNet, 13 de febrero del 2024, www.medicinenet.com/what_are_the_3_types_of_trauma/article.htm.

7. Según la Asociación Estadounidense de Psiquiatría, el trauma implica la respuesta a un suceso extremadamente estresante que se manifiesta con la combinación de la intrusión, la evitación, la hiperactivación y la disociación, junto con alteraciones persistentes y negativas en el pensamiento y el estado de ánimo de la persona:

- *Síntomas de intrusión.* Recuerdos, escenas retrospectivas, pesadillas o sueños que son intrusivos, recurrentes y angustiantes; así como un malestar psicológico intenso relacionado con el suceso traumático o desencadenado por la exposición a estímulos asociados con el trauma (como recuerdos, imágenes, sonidos y olores).

- *Síntomas de evitación.* Es la evitación de pensamientos o sentimientos relacionados con el trauma, así como de recordatorios externos. Esto incluye evitar a ciertas personas, lugares, actividades y conversaciones que generan pensamientos y emociones desagradables sobre el trauma o estrechamente relacionados con él.

- *Hiperactivación y reactividad.* Arranques de ira e irritabilidad (con poca o ninguna provocación) que se manifiestan contra objetos o individuos. La persona muestra hipervigilancia ante amenazas potenciales en el entorno, y se siente nerviosa y en alerta, casi siempre lista para «luchar, huir o paralizarse». Tiene respuestas de sobresalto exageradas ante imágenes y sonidos similares a los del suceso traumático; dificultad para relajarse, conciliar el sueño o permanecer dormida y dificultad para concentrarse y mantener la atención cuando se expone a recordatorios del suceso traumático.

- *Síntomas disociativos.* Experiencias recurrentes de despersonalización, en las que la persona se siente desconectada de sí misma como si fuera un observador externo de su propio cuerpo, o sentimientos de desrealización, como una sensación de irrealidad similar a un estado onírico.

- *Alteraciones negativas en el pensamiento y el estado de ánimo.* La persona experimenta emociones negativas persistentes (como miedo, pánico, ira, vergüenza); sentimientos de aislamiento o desapego incluso cuando está con otras personas; dificultad para sentir emociones positivas como la alegría y la felicidad; culpa exagerada hacia sí misma o hacia otros por causar el trauma; pensamientos negativos persistentes y exagerados sobre sí misma, los demás y el mundo (como «soy malo» o «no se puede confiar en nadie»); incapacidad para recordar características o detalles clave del suceso traumático debido a la amnesia disociativa.

Sin duda, la mayoría de la gente experimentará algún tipo de trauma en su vida. Sin embargo, el trauma se refiere a la exposición a sucesos específicos que conducen a cambios bien definidos, complejos y persistentes en el funcionamiento físico y psicológico de una persona.

Utilizar el término *trauma* de manera relativamente laxa para referirse a estados generales y transitorios de gran estrés en respuesta a sucesos desagradables (como una nota reprobatoria en un examen, una discusión con un profesor, desacuerdos sobre posturas políticas o los comentarios ofensivos de un pastor) no es beneficioso, todo lo contrario. Al emplear el término *trauma* de esta manera se diluye su significado y se minimiza la experiencia de quienes han padecido situaciones trágicas y dolorosas, que cambian la vida (como una violación, la guerra, el racismo, la violencia y el abuso doméstico, los accidentes industriales, las formas de acoso humillantes y persistentes y los desastres naturales). No hay duda de que numerosas personas en todo el mundo experimentan trauma todos los días; no obstante, la palabra *trauma* se usa a menudo para describir experiencias que en realidad podrían no ser traumáticas, y esto dificulta que las personas puedan diferenciar el trauma del estrés común.

Peor aún, numerosas investigaciones indican que cuando se emplea la palabra de manera vaga y se le dice a alguien que debió haberse traumatizado por determinada vivencia, la persona tiende a creerlo; lo cual aumenta la probabilidad de que desarrolle la autopercepción de que está dañada, lastimada y con alteraciones. Por lo tanto, comenzará a filtrar mentalmente sus experiencias para confirmar ese criterio y se comportará de maneras que apoyen su percepción, a pesar de que el suceso o el estrés que experimenta no cumple con los criterios de trauma. Por ello, se debe ser cuidadoso con cómo y cuándo se emplea el término, tanto con uno mismo como con los demás.

CAPÍTULO 6.3: HACEMOS FRENTE AL DOLOR DE NUESTRO TRAUMA

1. «The Road Less Traveled by M. Scott Peck» [El camino menos transitado, por M. Scott Peck], Capacity Building Solutions, 4 de julio del 2020, https://capacity-building.com/reading-excerpts/the-road-less-traveled-by-m-scott-peck/#:~:text="Truth%20or%20reality%20is%20avoided,to%20reality%20at%20all%20costs.

2. George Simon, «Words of Wisdom from Carl Jung, One of Psychology's Greats» [Palabras de sabiduría de Carl Gustav Jung, uno de los grandes de la psicología], Counselling Resource, 3 de agosto de 2010, https://counsellingresource.com/features/2010/08/03/jung-words-of-wisdom/#:~:text=The%20quote%20actually%20comes%20from,a%20substitute%20for%20legitimate%20suffering.

3. Brené Brown, *Dare to Lead: Brave Work, Tough Conversations, Whole Hearts* [Liderar con valentía: Trabajo valiente, conversaciones difíciles, corazones plenos] (Nueva York: Random House, 2018), p. 166.

4. Robert Stolorow, *Trauma and Human Existence: Autobiographical,*

Psychoanalytic, and Philosophical Reflections [Trauma y existencia humana: reflexiones autobiográficas, psicoanalíticas y filosóficas] (Nueva York: Routledge, 2007), p. 10.

CAPÍTULO 7.1: INTRODUCCIÓN

1. «Workplace Benefits Trends: Mental Health + Employee Well-Being» [Tendencias en beneficios para empleados: salud mental + bienestar del empleado], Aflac WorkForces Report, 2024-2025, www.aflac.com/docs/awr/pdf/2024-trends-and-topics/2024-aflac-awr-employee-well-being-and-mental-health.pdf.

2. Ashley Abramson, «Burnout and Stress Are Everywhere» [El agotamiento profesional y el estrés están en todas partes], Monitor on Psychology 53, núm. 1, 1 de enero del 2022, www.apa.org/monitor/2022/01/special-burnout-stress.

3. Tom Jendriks, «Eighty Burnout Statistics: Remote Work, Workplace Stress, and More» [Ochenta estadísticas sobre el agotamiento profesional: El estrés del trabajo a distancia, el estrés del puesto de trabajo y más], Flair HR, 16 de enero del 2024, https://flair.hr/en/blog/burnout-statistics/#:~:text=77%25%20of%20respondents%20report%20experiencing,over%20half%20indicating%20multiple%20occurrences.&text=91%25%20of%2-0employees%20have%20unmanageable,frustration%20affecting%20their%20work%20quality.&text=83%25%20said%20burnout%20could%20negatively%20impact%20personal%20relationships.

4. Jendriks, «Eighty Burnout Statistics» [Ochenta estadísticas sobre el agotamiento profesional].

5. C. Maslach y M. P. Leiter, «Burnout» [El agotamiento profesional], *Encyclopedia of Stress*, segunda edición (Academic Press: 2007), www.sciencedirect.com/topics/psychology/burnout#:~:text=Burnout%20is%20a%20psychological%20syndrome,and%20others%20on%20the%20job.

6. «Is Remote Work More Stressful Than Office Work?» [¿Es el trabajo a distancia más estresante que el trabajo de oficina?], Computer One, 4 de febrero del 2021, https://computerone.com.au/is-remote-work-more-stressful-than-office-work/.

CAPÍTULO 7.4: ¿QUÉ NECESITAS?

1. Muchos teólogos consideran que cuando la Biblia emplea el término «el ángel del SEÑOR», como en este pasaje, se refiere a Jesús antes de su encarnación.

2. Sammi Caramela, «Why Is Chick-fil-A Closed on Sundays, and How Does That Affect Their Business?» [¿Por qué Chick-fil-A cierra los domingos y cómo repercute esto en el negocio?], 24/7 Wall St., 8 de diciembre del 2024, https://247wallst.com/food/2024/12/08/why-is-chick-fil-a-closed-on-sundays-and-how-does-that-affect-their-business/#:~:text=According%20to%20our%20calculations%2C%20Chick,the%20business%20is%20so%20successful.

REFLEXIONES DE DR. C.

1. «Pastors Share Top Reasons They've Considered Quitting Ministry in the Past Year» [Pastores comparten las razones principales por las que han valorado renunciar al ministerio durante el último año], Barna, 27 de abril del 2022, www.barna.com/research/pastors-quitting-ministry/.

2. Ferris Jabr, «Why Your Brain Needs More Downtime» [Por qué tu cerebro necesita más tiempo de reposo], *Scientific American*, 15 de octubre del 2013, www.scientificamerican.com/article/mental-downtime/#:~:text=Downtime%20replenishes%20the%20brain's%20stores%20of%20attention%20and, from%20the%20past%20and%20plan%20for%20the%20future.

¿HAS LEÍDO ALGO BRILLANTE Y QUIERES CONTÁRSELO AL MUNDO?

Ayuda a otros lectores a encontrar este libro:

- Publica una reseña en nuestra pagina de Facebook @**VidaEditorial**

- Publica una foto en tu cuenta de redes sociales y comparte por qué te agradó.

- Manda un mensaje a un amigo a quien también le gustaría, o mejor, regálale una copia.

¡Dejanos una reseña si te gusto el libro! Es una buena manera de ayudar a los autores y de mostrar su aprecio!

Visítanos en
EditorialVida.com
y síguenos en
nuestras redes sociales.